Expand Your Hungarian Vocabulary

Texts - Words - Puzzles

ANIMALS - ÁLLATOK

A Hungarian-English Book for Children

Bori Csege

Table of Contents

Introduction

The book is primarily designed for Hungarian children studying in English-language schools. While they speak Hungarian with their parents on a daily basis, they may lack the necessary vocabulary for more advanced topics beyond everyday conversations. This book is also beneficial for English-speaking individuals who are interested in learning Hungarian and have reached an intermediate level, seeking to expand their vocabulary.

The book comprises 25 short chapters, each focusing on a different animal. Every chapter begins with a brief text, followed by a selected glossary of relevant words. Afterward, there is a comprehension exercise to assess understanding of the text. To reinforce the newly learned vocabulary, interactive activities are provided, such as crosswords, word searches, word scrambles, syllable puzzles, or missing word puzzles. These exercises allow readers to practice the words introduced in the text. One piece of advice: if you can not solve a word scramble or crossword puzzle, simply read the text again. The word you need can be found in the text about the given animal.

I wish you success in your language learning journey!

Bori Csege

1. A DELFINEK

(Dolphins)

A delfinek a tengerekben élnek. Nagyon okos állatok. Kitűnő úszók, de gyakran fel kell jönniük a felszínre, hogy lélegezni tudjanak. A delfinek ugyanis emlősök, nem pedig halak. Nem kopoltyúval lélegeznek, hanem tüdejük van. Az orrnyílásuk a fejük felső részén található. A delfinek különböző nagyságú csoportokban élnek. Halakkal és más tengeri élőlényekkel táplálkoznak.

Selected vocabulary

delfin	dolphin
emlős	mammal
felszín	surface
kopoltyú	gill
tüdő	lung
orrnyílás	nostril, blowhole
élőlény	living being
táplálkozik	to feed, to eat

1. True/False

**Decide if the statements are true or false,
according to the text.**

1. Dolphins are fish.	True	False
2. Dolphins are good swimmers.	True	False
3. Dolphins eat fish.	True	False
4. Dolphins have gills that allow them to extract oxygen from water.	True	False

2. Vowel Puzzle

**In the words below, the vowels are missing.
Complete them using the given set of letters!**

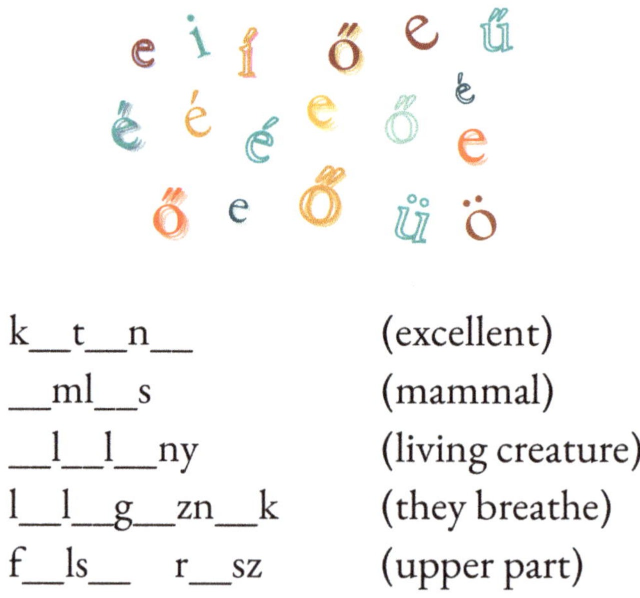

k__t__n__	(excellent)
__ml__s	(mammal)
__l__l__ny	(living creature)
l__l__g__zn__k	(they breathe)
f__ls__ r__sz	(upper part)

Caution! You don't need to use three letters. Which ones?

______, ______, ______

3. Word Search With a Hidden Message

Find the Hungarian translations of the following words in the grid and strike them through. They are hidden horizontally from left to right and vertically from top to bottom. They can share letters.

animals

dolphin

excellent

frequently

mammal

sea

smart

surface

swimmer

to breathe

upper

á	l	l	a	t	o	k	a	d	e
l	f	é	i	n	e	o	k	o	s
e	m	l	ő	s	k	f	ü	t	t
y	j	e	e	l	d	e	k	f	k
e	l	g	k	t	e	n	g	e	r
o	m	e	m	u	l	n	i	l	k
ú	s	z	ó	á	f	e	l	s	ő
l	n	n	a	k	i	e	g	z	y
m	k	i	t	ű	n	ő	á	í	s
s	a	g	y	a	k	r	a	n	l

Once ready, write down the remaining letters one after the other to find the hidden message.

__ __ __ __ __ __ __ __

__ __ __ __ __ __ __ __ __ __ __

__ __ __ __ __ __ __ __ __ __

__ __ __ __ __ __ __ __ __ .

SOLUTIONS

1. True/False

1. Dolphins are fish. (False)
2. Dolphins are good swimmers. (True)
3. Dolphins eat fish. (True)
4. Dolphins have gills that allow them to extract oxygen from water. (False)

---

2. Vowel Puzzle

kitűnő, emlős, élőlény, lélegeznek, felső rész

The unused letters are: í, ü, ö

---

3. Word Search With a Hidden Message

á	l	l	a	t	o	k	a	d	e
l	f	é	i	n	e	o	k	o	s
e	m	l	ő	s	k	f	ü	t	t
y	j	e	e	l	d	e	k	f	k
e	l	g	k	t	e	n	g	e	r
o	m	e	m	u	l	n	i	l	k
ú	s	z	ó	á	f	e	l	s	ő
l	n	n	a	k	i	e	g	z	y
m	k	i	t	ű	n	ő	á	í	s
s	a	g	y	a	k	r	a	n	l

Hidden message:

A delfinek füttyjelekkel kommunikálnak egymással.
(Dolphins communicate with each other using whistle signals.)

2. A TEKNŐSÖK

(Turtles)

A teknősök hüllők. A világ minden táján megtalálhatók. Kemény páncél fedi a testüket. Tojásokkal szaporodnak. A tengeri teknősök a homokos tengerpartokon rakják le tojásaikat. Amikor a kis teknősök kikelnek, rögtön elindulnak a tenger felé. Az édesvízi teknősök, például a mocsári teknősök folyók vagy tavak mellett készített fészkekbe rejtik tojásaikat. A teknősök táplálkozási szokásai fajtól függően eltérőek. Egyes fajok kisebb állatokat fogyasztanak, mások algát és tengeri növényeket esznek.

Selected vocabulary

páncél	shell
hüllő	reptile
tojásokat raknak	they lay eggs
kikelni	to hatch
édesvízi teknősök	freshwater turtles
fészek	nest
faj	species
táplálkozási szokások	feeding habits

1. True/False

**Decide if the statements are
true or false, according to the text.**

1. Turtles can be found all over the world. (True/False)
2. Their bodies are covered with a hard shell. (True/False)
3. Turtles are mammals. (True/False)
4. Turtles reproduce by laying eggs. (True/False)
5. Freshwater turtles lay their eggs in nests near rivers or lakes.
   (True/False)
6. Their feeding habits vary depending on the species. (True/False)
7. All turtle species feed primarily on smaller animals. (True/False)

2. Word Spiral

Use vertical lines to separate the words in the spiral!

____

____

3. A Crossword with a Hidden Message

**Fill in the crossword puzzle
with the Hungarian translations of the hints.**

Across:	Down:
2 hard	1 plants
4 armor/shell	2 they hatch
5 seashore	3 right away
7 eggs	6 algae

Once ready, unscramble the letters in the yellow squares and insert the word into the blank spaces to complete the sentence below.

__ __ __ __ __ __ __ teknősök

Magyarországon is élnek.

If you feel lost, simply read the text once more. The word you are looking for can be found there.

SOLUTIONS

1. True/False

1. True, 2. True, 3. False, 4. True, 5. True, 6. True, 7. False

---

2. Word Spiral

Magyarországon sok embernek van ékszerteknőse. Terráriumban tartják őket.
(In Hungary, many people have red-eared slider turtles. They keep them in terrariums.)

---

3. Crossword Puzzle with a Hidden Word

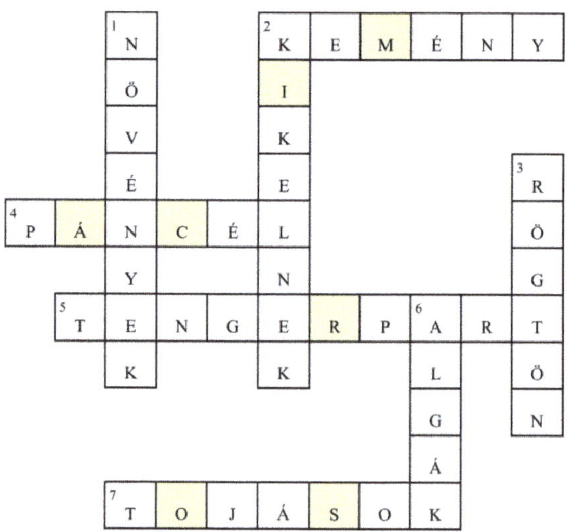

The hidden word is:

mocsári

Mocsári teknősök Magyarországon is élnek.
(European pond turtles also live in Hungary.)

3. A PINGVINEK

(Penguins)

A pingvinek madarak. Csőrük és szárnyuk van.
Testüket fekete és fehér tollak fedik. Repülni nem
tudnak, de nagyon jó úszók. A szárazföldön furcsa,
kacsázó járással mozognak. A hideg éghajlatot
kedvelik, ehhez alkalmazkodtak. Bőrük alatt vastag
zsírréteg található, amely segít melegen tartani őket.
Halakat, kisebb rákokat és más tengeri élőlényeket
fogyasztanak.

Selected vocabulary

csőr	beak
szárny	wing
toll	feather
kacsázó járás	waddling gait
éghajlat	climate
bőr	skin
zsírréteg	layer of blubber

1. True/False

**Decide if the statements are
true or false, according to the text.**

1. Penguins are mammals.	True	False
2. Penguins are better at flying than swimming.	True	False
3. They move clumsily on land.	True	False
4. They like the cold.	True	False
5. They primarily feed on plants.	True	False

2. Word Scramble

**Unscramble the following words and write them into the squares:
A new word will be revealed when reading the letters in the yellow
squares from top to bottom.**

SETT

INSZÚ

LATÁL

OKKÁR

GVINNIP

GYÜSE

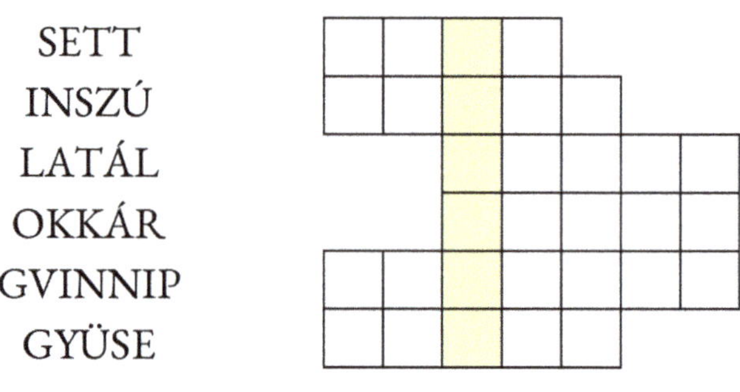

Solution

In Hungarian:

——— ——— ——— ——— ——— ———

In English:

——— ——— ——— ———

If you need assistance, the English translations of the Hungarian words
above can be found here: *body, to swim, animal, crabs, penguin,* and *adept.*

3. Word Search with a Hidden Message

Find the Hungarian translations of the words below in the grid
and strike them through.
Directions:

skin	fish (pl.)	dry land
beak	cold	wing
climate	penguin	feather

S	A	P	H	A	L	A	K	I	S
N	Z	G	V	É	I	N	H	E	Z
K	M	Á	A	G	D	A	I	R	Á
A	P	K	R	H	N	A	D	G	R
Y	I	O	N	A	J	Ó	E	L	N
Ú	N	S	Z	J	Z	N	G	T	Y
A	G	C	K	L	D	F	E	O	N
E	V	S	M	A	B	T	Ö	L	U
D	I	Ő	N	T	Ő	A	K	L	R
E	N	R	P	Ü	R	L	N	I	D

**Once ready, write down the remaining letters one after the other to find
the hidden message.**

— —— —— —— —— —— —— —— —— —— —— —— ——.

— —— —— —— —— —— —— —— —— —— —— —— —— —— ——,

— —— —— —— —— —— —— ——

— —— —— —— —— ——.

SOLUTIONS

1. True/False

1. False, 2. False, 3. True, 4. True, 5. False

---

2. Word Scramble

T	E	S	T		
Ú	S	Z	N	I	
		Á	L	L	A	T
		R	Á	K	O	K
P	I	N	G	V	I	N
Ü	G	Y	E	S	

Solution: SZÁRNY (wing)

---

3. Word Search With a Hidden Message

S	A	P	H	A	L	A	K	I	S
N	Z	G	V	É	I	N	H	E	Z
K	M	Á	A	G	D	A	I	R	Á
A	P	K	R	H	N	A	D	G	R
Y	I	O	N	A	J	Ó	E	L	N
Ú	N	S	Z	J	Z	N	G	T	Y
A	G	C	K	L	D	F	E	O	N
E	V	S	M	A	B	T	Ö	L	U
D	I	Ő	N	T	Ő	A	K	L	R
E	N	R	P	Ü	R	L	N	I	D

A pingvinek madarak. Nagyon jól úsznak, de nem tudnak repülni.
(Penguins are birds. They can swim very well but cannot fly.)

4. A JEGESMEDVÉK

(Polar Bears)

A jegesmedvék az Északi-sarkvidék jégmezőin élnek.
Ragadozók. A többi medvénél jóval nagyobbak.
Nagyon ügyesen és kitartóan úsznak. Vastag
bundájuk segít melegen tartani a testüket. Fehér
szőrszálaik között átlátszó, üreges szőrszálak is vannak.
Mivel kitűnő a szaglásuk, könnyen megtalálják
zsákmányaikat. Főként fókákra vadásznak, de
időnként rénszarvasokat is elejtenek.

Selected vocabulary

ragadozók	predators
Északi-sarkvidék	Arctic
jégmezők	ice plains/ice fields
bunda	fur
üreges	hollow
kitartó	persistent
szaglás	sense of smell
zsákmány	prey
rénszarvas	reindeer

1. True/False

**Decide if the statements are
true or false, according to the text.**

1. Polar bears are herbivores. (True/False)
2. Polar bears are smaller than other bears. (True/False)
3. Polar bears live on the icy plains of the Arctic region. (True/False)
4. Their thick fur helps them stay warm. (True/False)
5. Among their white fur, there are transparent, hollow hairs. (True/False)
6. Polar bears are poor swimmers. (True/False)
7. They primarily hunt seals but occasionally prey on reindeer, too.
   (True/False)

2. Matching

**The two halves of the sentences have been separated and
mixed up. Connect the appropriate parts to each other!**

First parts:

1. Az Északi-sarkvidék jégmezői

2. A jégtáblák változó alakúak

3. A jegesmedvék csak

4. A jegesmedvék a lassan

5. Hosszú utakat megtesznek,

Last parts:

a. ritkán mennek ki a szárazföldre.

b. sodródó jégtáblákon élnek.

c. és méretűek lehetnek.

d. hogy élelemhez jussanak.

e. egyre zsugorodnak.

3. Word Search

**Find the Hungarian translations of the words below in the grid and strike them through.
Directions:**

fur

ice fields

north

predator

prey

reindeer

seal

their sense of smell

they hunt

they swim

A	J	R	É	N	S	Z	A	R	V	A	S
J	E	G	É	S	Z	A	K	E	Ú	S	M
É	E	F	Ó	K	A	D	V	É	S	K	B
G	Ő	R	R	A	G	A	D	O	Z	Ó	E
M	F	E	H	É	L	R	B	U	N	N	D
E	Á	V	A	D	Á	S	Z	N	A	K	J
Z	U	K	A	L	S	A	T	T	K	K	O
Ő	R	O	M	B	U	N	D	A	F	E	K
K	E	Z	S	Á	K	M	Á	N	Y	T	E

**Once ready, write the remaining letters here
to find the hidden message:**

__ __ __ __ __ __ __ __ __ __ __ __ __ __ __

__ __ __ __ __ __ __ __ __ __ __ __ __ __ __

__ __ __ __ __ __ __ __ __ __ .

SOLUTIONS

1. True/False

1. False, 2. False, 3. True, 4. True, 5. True, 6. False, 7. True

---

2. Matching

1. Az Északi-sarkvidék jégmezői (e.) egyre zsugorodnak.
2. A jégtáblák változatos alakúak (c.) és méretűek lehetnek.
3. A jegesmedvék csak (a.) ritkán mennek ki a szárazföldre.
4. A jegesmedvék a lassan (b.) sodródó jégtáblákon élnek.
5. Hosszú utakat megtesznek, (d.) hogy élelemhez jussanak.

1. The ice fields of the Arctic are shrinking increasingly.
2. The ice floes can have various shapes and sizes.
3. Polar bears rarely go onto dry land.
4. Polar bears live on slowly drifting ice floes.
5. They travel long distances to find food.

---

3. Word Search

A	J	R	É	N	S	Z	A	R	V	A	S
J	E	G	É	S	Z	A	K	E	Ú	S	M
É	E	F	Ó	K	A	D	V	É	S	K	B
G	Ő	R	R	A	G	A	D	O	Z	Ó	E
M	F	E	H	É	L	R	B	U	N	N	D
E	Á	V	A	D	Á	S	Z	N	Á	K	J
Z	U	K	A	L	S	A	T	T	K	K	O
Ő	R	O	M	B	U	N	D	A	F	E	K
K	E	Z	S	Á	K	M	Á	N	Y	T	E

A jegesmedvék bőre fehér bundájuk alatt koromfekete.
(The skin of polar bears is pitch black underneath their
white fur coat.)

5. A KOALÁK

(Koalas)

A koalák Ausztráliában élnek. Erszényesek. Az újszülött koalák körülbelül 2 cm hosszúak. Ekkor még nincsen szőrük, nem látnak és nincs fülük sem. Születésük után fél évig az anyjuk erszényében laknak. A kifejlett állatoknak vastag, puha bundájuk van. Főleg éjszaka táplálkoznak. Eukaliptusz leveleket esznek. Ezekkel nemcsak éhségüket csillapítják, hanem a levelekben levő folyadékkal szomjukat is oltják. Leginkább a fák ágai között tartózkodnak. Néha lejönnek a földre is, de veszély esetén gyorsan visszamásznak a gallyak közé. A nap nagy részét átalusszák.

Selected vocabulary

erszényesek	marsupials
a koala erszénye	the koala's pouch
kifejlett állatok	adult animals
újszülött	newborn
csillapítja az éhségüket	(it) quenches their hunger
szomjukat oltják	they quench their thirst
gally	twig

1. True/False

**Decide if the statements are
true or false, according to the text.**

1. Koalas do not take care of
their offspring after birth.   True   False

2. Koalas sleep a lot.   True   False

3. They spend most of their
time in trees.   True   False

4. After birth, koalas immediately
climb eucalyptus trees.   True   False

5. Newborn koalas do not have
fur.   True   False

2. Missing Letters

Fill in the missing letters using the letter bank!

fo_____adék, te_____, csi_____apí_____a, _____omjas, é_____szaka,
újsz_____lö_____, veszé_____, ga_____, kife_____le_____,
átalu_____ák, eu_____aliptusz

**You don't need to use three letters from the letter bank.
Which ones?**

_____, _____, _____

24

3. Word Search

**Find the Hungarian translations of the
words below in the grid and strike them through.
Directions:**

pouch
leaf
newborn
hunger
thirsty

liquid
it soothes
milk
thick

soft
dangerous
quickly
twig
sometimes

ú	a	g	z	e	u	v	a	s	t	a	g
j	k	y	a	l	i	e	g	a	l	l	y
s	z	o	m	j	a	s	p	p	t	é	u
z	s	r	z	l	e	z	g	u	t	h	ö
ü	b	s	b	f	a	é	j	h	a	s	ö
l	r	a	ö	f	o	l	y	a	d	é	k
ö	k	n	z	ö	l	y	d	l	e	g	v
t	e	j	e	l	l	e	e	n	i	f	ü
t	g	g	ő	e	r	s	z	é	n	y	l
e	g	e	s	v	e	n	l	h	ó	g	n
a	k	l	e	é	a	f	á	a	k	r	ó
c	s	i	l	l	a	p	í	t	j	a	l

**Once ready, write the remaining letters here
to find the hidden message:**

__ __________ ______

____ ______ __. ______

___________ _______

__ _ _______.

SOLUTIONS

1. True/False

1. A koalák születésük után nem gondoskodnak a kicsinyeikről. (Hamis)
2. A koalák nagyon sokat alszanak. (Igaz)
3. Idejük legnagyobb részét a fákon töltik. (Igaz)
4. A kis koalák születésük után rögtön felmásznak az eukaliptusz fákra. (Hamis)
5. Az újszülött koaláknak nincs szőrük. (Igaz)

---

2. Missing letters

Folyadék, tej, csillapítja, szomjas, éjszaka, újszülött, veszély, gally, kifejlett, átalusszák, eukaliptusz

(liquid, milk, soothes, thirsty, night, newborn, danger, branch, mature, sleep through, eucalyptus)

The three unused letters are: ty, sz, ly

---

3. Word Search With a Hidden Message

ú	a	g	z	e	u	v	a	s	t	a	g
j	k	y	a	l	i	e	g	a	l	l	y
s	z	o	m	j	a	s	p	p	t	é	u
z	s	r	z	l	e	z	g	u	t	h	ö
ü	b	s	b	f	a	é	j	h	a	s	ö
l	r	a	ö	f	o	l	y	a	d	é	k
ö	k	n	z	ö	l	y	d	l	e	g	v
t	e	j	e	l	l	e	e	n	i	f	ü
t	g	g	ő	e	r	s	z	é	n	y	l
e	g	e	s	v	e	n	l	h	ó	g	n
a	k	l	e	é	a	f	á	a	k	r	ó
c	s	i	l	l	a	p	í	t	j	a	l

Az eukaliptusz legtöbb faja örökzöld. Levelei függőlegesen lógnak le a fákról.
(Most species of eucalyptus are evergreen. Their leaves hang vertically from the trees.)

6. AZ ÓRIÁSPANDÁK
(Giant Pandas)

Az óriáspandák nagy testű emlősállatok. Kínában
őshonosak. Bundájuk színe fekete és fehér.
Növényevők. Étrendjük főleg bambuszból áll, ebből
naponta 15–20 kilót is megesznek. Ritkán mézet,
tojást, kisebb rágcsálókat és halat is fogyasztanak. A
többi medvével ellentétben nem alszanak téli álmot. A
pandák magányosan élnek, csak március és május
között keresnek maguknak párt.

Selected vocabulary

óriás	giant
őshonos	native
növényevők	herbivores
bambusz	bamboo
étrend	diet
rágcsálók	rodents
bambuszhajtás	bamboo shoots

1. Comparison

Compare the pandas to the polar bears!
Write an X underneath the animal for which the given statement is true.
If it is true for both, write an X next to each of them!

	Pandák	Jegesmedvék
Kínában őshonosak.		
Az Északi-tenger jégtábláin élnek.		
Nagy testű állatok.		
Fókákra vadásznak.		
Főleg fiatal bambuszhajtásokat esznek.		

2. Maze

Navigate the maze by following the sentence from the starting point
to the finish. Read each word as you go, and enjoy the challenge!

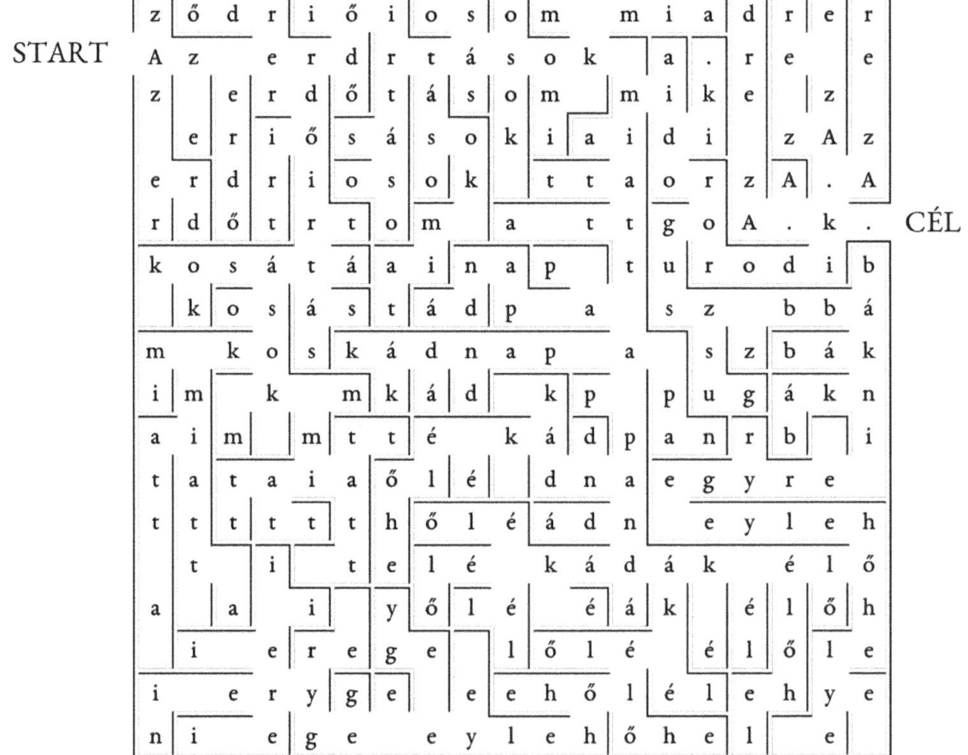

3. A Crossword with a Hidden Message

**Fill in the crossword puzzle
with the Hungarian translations of the hints.**

<table>
<tr><td>**Across:**</td><td>**Down:**</td></tr>
<tr><td>3 mammal</td><td>1 herbivores</td></tr>
<tr><td>6 shoot</td><td>2 egg</td></tr>
<tr><td>8 fur</td><td>4 honey</td></tr>
<tr><td>9 rodents</td><td>5 native</td></tr>
<tr><td>11 China</td><td>7 diet</td></tr>
<tr><td>12 March</td><td>10 giant</td></tr>
<tr><td>13 bamboo</td><td></td></tr>
</table>

**Once ready, unscramble the letters in the yellow
squares to find the hidden word:**

____

SOLUTIONS

1. Comparison

	Pandák	Jegesmedvék
Kínában őshonosak.	X	
Az Északi-tenger jégtábláin élnek.		X
Nagy testű állatok.	X	X
Fókákra vadásznak.		X
Főleg fiatal bambuszhajtásokat esznek.	X	

2. Maze

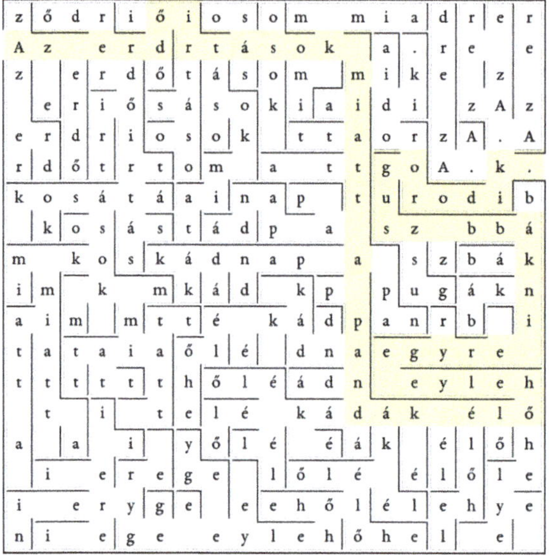

The hidden sentence in the maze:

Az erdőirtások miatt a pandák élőhelye egyre inkább zsugorodik. (Due to deforestation, the habitat of pandas is shrinking more and more.)

Hidden word:
MEDVE

3. Crossword

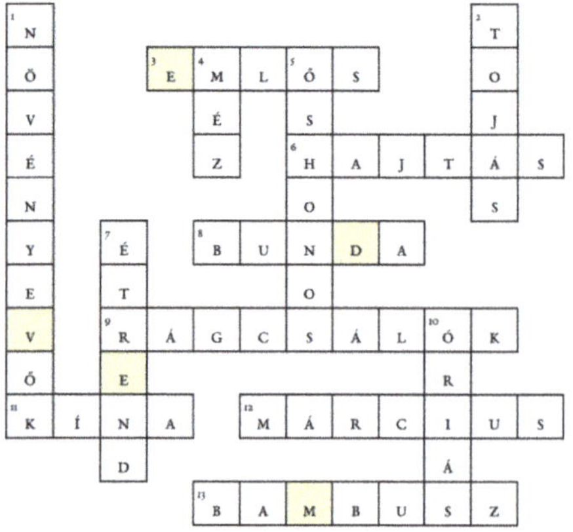

7. A TIGRISEK

(Tigers)

A tigrisek a legnagyobb termetű macskafélék.
Ázsiában élnek. Olyan területen érzik jól magukat,
ahol elegendő víz és dús növényzet található.
Ragadozók, vagyis más állatokra vadásznak. A felnőtt
tigrisek általában magányosan élnek. Bundájukon
fekete csíkok vannak, így könnyebb elrejtőzniük erdei
élőhelyeiken. Szőrük mintája egyedi: nincs két
egyforma mintázatú tigris. Az erdőirtások miatt
élőhelyeik erősen beszűkültek.

Selected vocabulary

macskafélék	felines
dús növényzet	lush vegetation
csíkos	striped
elrejtőzni	to hide
egyedi	unique
erdőirtások	deforestation

1. True/False

**Decide if the statements are
true or false, according to the text.**

1. Tigers are the smallest members of the cat family. (True/False)
2. Tigers are found in Africa. (True/False)
3. Tigers prefer areas with water and dense vegetation. (True/False)
4. Tigers are herbivores, feeding primarily on plants. (True/False)
5. Adult tigers are typically social animals, living in groups. (True/False)
6. Each tiger has a unique pattern on its fur, with no two tigers having
the same pattern. (True/False)

2. Missing Syllables

**Where do tigers live? Find out by selecting the correct syllables
from the syllable bank and placing them in the designated spaces.**

-zöld

mér- sztyep

-sé- -rak-

-rök- -pé-

-csa-

e- -kelt -ken -ső-

mangrove mo- _____ - _____ban,

_____-_____-_____ övi erdőkben,

ö- _____-_____ erdőkben,

ázsiai _____-_____-_____,

trópusi _____-_____erdőkben

✦ ✦ ✦

In English: *in mangrove swamps, in temperate zone forests, in evergreen
forests, in Asian steppes, in tropical rainforests*

3. Word Scramble

**Unscramble the following words and write them into the squares.
A new word will be revealed when reading the letters in the yellow
squares from top to bottom.**

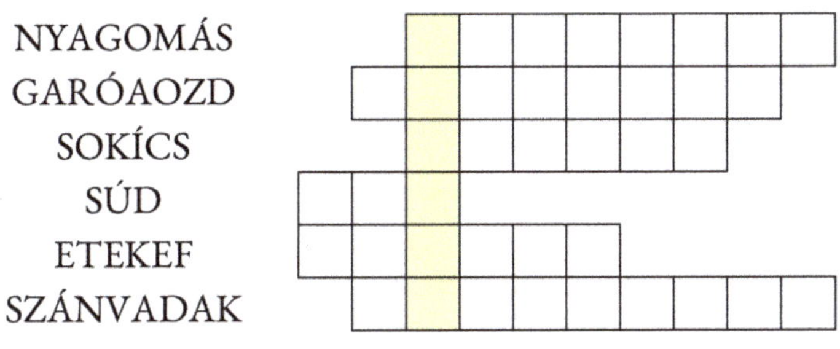

In English: *lonely, predator, striped, lush, black, they hunt*

4. Maze

**Navigate the maze by following the sentence
from the starting point to the finish.**

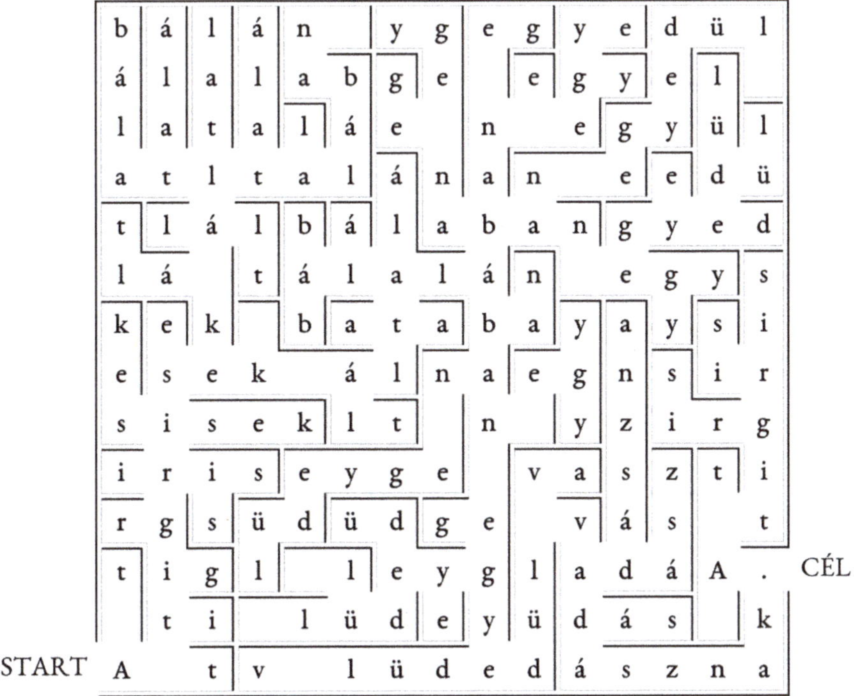

SOLUTIONS

1. True/False

1. False, 2. False, 3. True, 4. False, 5. False, 6. True

---

2. Missing Syllables

mangrove mocsarakban, mérsékelt övi erdőkben, örökzöld erdőkben, ázsiai sztyeppéken, trópusi esőerdőkben

---

3. Word Scramble

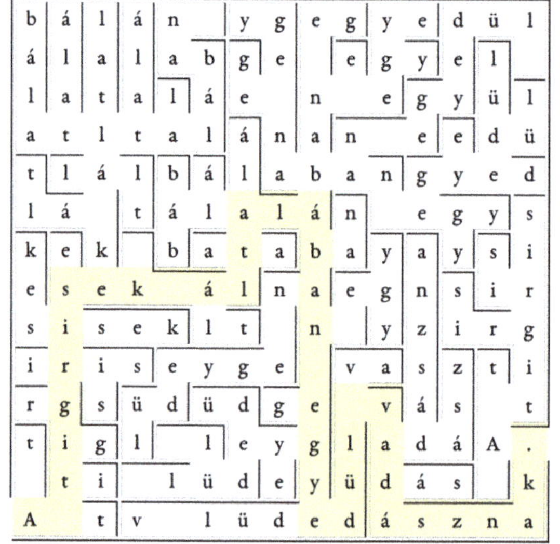

---

4. Maze

A tigrisek általában egyedül vadásznak. (Tigers usually hunt alone.)

8. A BARNA MEDVÉK
(Brown Bears)

Barna medvék több kontinensen is élnek: jelen vannak Ázsiában, Európában és Amerikában is. Kiváló a szaglásuk, ennek segítségével találják meg táplálékukat. Mindenevők. Szeretik az erdei gyümölcsöket, a mézet, rovarokat, ehető gombákat, gyökereket, de elejtenek állatokat, így szarvasokat, őzeket, rókákat is. Télen a medvék visszavonulnak az odújukba, téli álmot alszanak. A bocsok ebben az időszakban születnek.

Selected vocabulary

táplálék	food
mindenevők	omnivores
rovar	insect
gomba	mushroom
gyökér	root
odú	lair, den
bocs	cub

1. True/False

**Decide if the statements are
true or false, according to the text.**

1. Brown bears are found on multiple continents: Asia, Europe, and
   America. (True/False)
2. Brown bears have a poor sense of smell, making it difficult for them to
   find food. (True/False)
3. Brown bears are herbivores. (True/False)
4. During the winter, bears retreat to their dens and hibernate.
   (True/False)
5. Cubs are born during the winter season. (True/False)

2. Syllable Puzzle

**Build seven words from the syllables below.
You can use each syllable only once.**

se-   -lás   -szak

szag-   táp-   ő-   -rek   á-

-ség

-ke-   gyö-   -lék

-lá-

-lom   -zek

-dő-   -git-

i-

1. ______________   4. ______________

2. ______________   5. ______________

3. ______________   6. ______________

7. ______________

3. A Crossword with a Hidden Message

**Fill in the crossword puzzle
with the Hungarian translations of the hints.**

Across:

1 roots

5 dream

6 lair

8 sense of smell

10 insects

11 retire, withdraw

12 continent

Down:

1 fruit

2 edible

3 excellent

4 cubs

7 food

9 deer

**Once ready, unscramble the letters in the
yellow squares to find the hidden word:**

____

SOLUTIONS

1. True/False

1. True, 2. False, 3. False, 4. True, 5. True

---

2. Syllable Puzzle

szaglás, táplálék, gyökerek, álom, őzek, időszak, segítség
(sense of smell, food, roots, sleep, roe deers, period, help)

---

3. Crossword

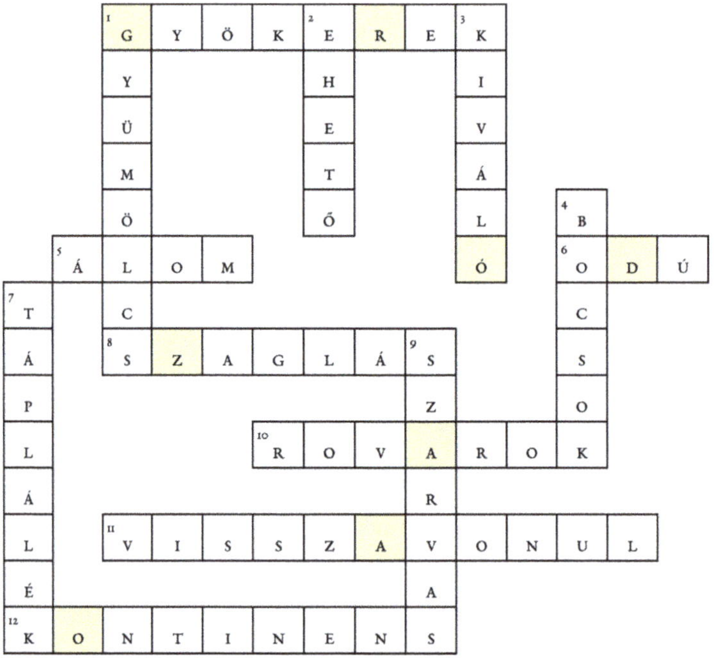

Hidden word: RAGADOZÓ

9. AZ ELEFÁNTOK

(Elephants)

Elefántok Afrikában és Ázsiában is élnek. Nagy,
szürke színű emlősök. Hosszú ormányuk és agyaruk
van. Súlyuk a 6 tonnát is elérheti. Növényeket esznek.
Naponta több mint száz liter vizet isznak, ezért nem
távolodnak el messzire a vízpartoktól. Gyakran
vesznek sárfürdőt is. Az elefántok nagyon okosak és jó
az emlékezetük. Képesek hangjelzéseket adni
egymásnak, sőt, hangokat is képesek utánozni. A
tehenek általában kisebb-nagyobb csordákban élnek,
ahová azonban csak rövid időre fogadják be az
elefántbikákat.

Selected vocabulary

ormány	snout
agyar	tusk
eltávolodni -tól/-től	to go to a long distance from
elefánttehén	elephant cow
elefántbika	elephant bull
befogadni	to accept
csorda	herd

1. True/False

**Decide if the statements are
true or false, according to the text.**

1. Elephants can be found in some Asian countries. (True/False)
2. Elephants are predators. (True/False)
3. They are large animals. (True/False)
4. Elephants can survive for a long time without water and food.
   (True/False)
5. Elephants have a good memory. (True/False)
6. Female elephants generally live alone. (True/False)

2. Maze

**Navigate the maze by following the sentence
from the starting point to the finish.**

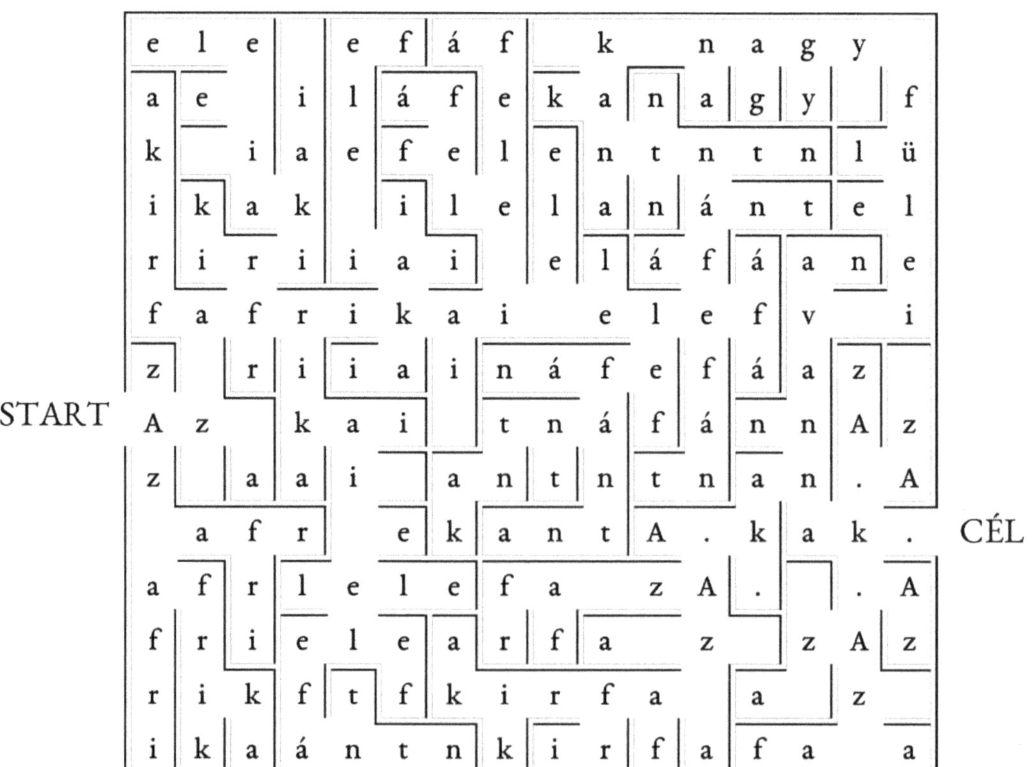

3. A Crossword with a Hidden Message

**Fill in the crossword puzzle
with the Hungarian translations of the hints.**

Across:

1 gray

3 weight

5 cows

7 waterside

10 herd

Down:

2 memory

4 signal

6 mud

8 tusk

9 ton

**Once ready, unscramble the letters in the yellow
squares to find the hidden word:**

____

SOLUTIONS

1. True/False

1. True, 2. False, 3. True, 4. False,
5. True, 6. False

Hidden sentence in the maze:

Az afrikai elefántnak nagy fülei
vannak.
(The African elephant has large
ears.)

---

2. Maze

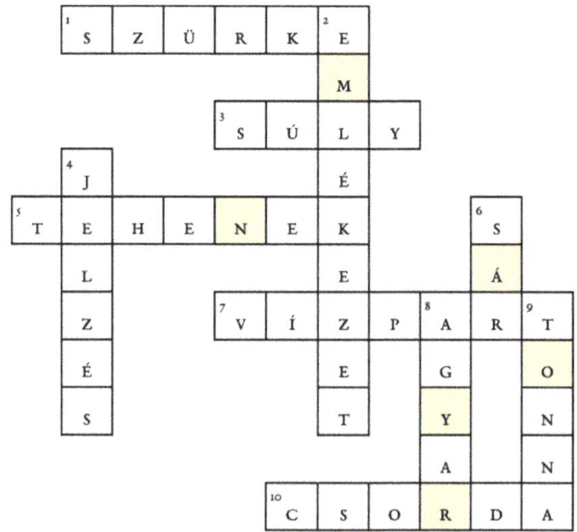

3. Crossword

The hidden word: ORMÁNY (snout)

10. A ZEBRÁK

(Zebras)

A zebrák Afrikában élnek. A lófélék családjába tartoznak. Főleg füvet legelnek, de ritkábban fakérget, rügyeket, gyökereket és gyümölcsöket is megesznek. Kitűnő a látásuk, így könnyebben észreveszik a rájuk vadászó ragadozókat. A csíkjaik egyediek, tehát nincs két egyforma zebra. Egyes kutatók szerint a fekete-fehér csíkok az álcázásban segítik őket. Fő ellenségeik, az oroszlánok nem látnak színeket, így nehezen veszik észre a magas fűben álló zebrákat.

Selected vocabulary

lófélék	horses/equines
legelni	to graze
fakéreg	tree bark
rügy	bud
látás	vision
álcázás	camouflage

1. True/False

**Decide if the statements are
true or false, according to the text.**

1. Zebras cannot see colors. (True/False)
2. Zebras mainly eat roots. (True/False)
3. They only notice predators when they are already very close to them.
   (True/False)
4. Zebras are striped. (True/False)
5. Lions also hunt zebras. (True/False)

2. Maze

**Navigate the maze by following the sentence
from the starting point to the finish.**

l	e	g	a	a	r	b	e	z	ű	t	e	r	e	t
	l	e	f		a	r	z	ű	t	e	r	é	t	ű
a		l		a	r	b	ű		e	r	é	m	ű	
	a		a	r	b	e	ű	t	e	r	é	m		a
a	r	a		b	e	z	ű	t	e	r		b	z	r
e	b	e	b	r	z	ű	t	e	r	é	m	b	e	b
z	-	z	e	b	b	b	r	é	m		b	b	o	a	r
v	y	-	z	e	b	o	y	m		m	b	o	y		j
é	v	y	-	z	o	y	g		b	b	o	y	g	f	a
r	é	v	y	-	z	g	a	n	g	e	g	n	a	a	j
G	r	é	v	b	g	a	n	g	e	l	e	a	g	j	.
	G	r	é	e	b		a		l		l	g	y	.	A
A		G	r	z	e	b	r	a		a			y	o	A
	G	r	é	-	z	e	b	r	a		a	o	b		G
G	r	é	v	y	-	z	e	b	r	a		a	r	G	r

START (at row "A") — CÉL (finish, right side)

3. Word Search

**Find the Hungarian translations of the
words below in the grid, and strike them through.
Directions:**

→ ↓ ↘

Africa   _______

bark   _______

black   _______

bud   _______

camouflage   _______

grass   _______

graze   _______

lions   _______

roots   _______

stripes   _______

vision   _______

zebra   _______

F	Ű	A	Z	L	Á	T	Á	S	A
L	F	Ö	Z	E	B	R	A	L	D
I	Z	R	E	G	B	R	A	C	A
Á	L	Ü	E	E	G	F	E	S	L
L	T	G	E	L	R	A	J	Í	E
C	D	Y	Y	T	E	K	B	K	B
Á	A	Z	A	Ö	F	É	R	O	I
Z	K	A	I	F	K	R	Ü	K	V
Á	F	E	K	E	T	E	E	S	S
S	Z	A	V	A	N	G	R	N	Á
N	A	F	R	I	K	A	É	E	L
O	R	O	S	Z	L	Á	N	O	K

**Once ready, write the remaining letters here
to find the hidden message:**

___ ___________ _______ __

_______________________.

__ _________ ________

__________ __.

SOLUTIONS

1. True/False

1. False, 2. False, 3. False, 4. True, 5. True,

---

2. Maze

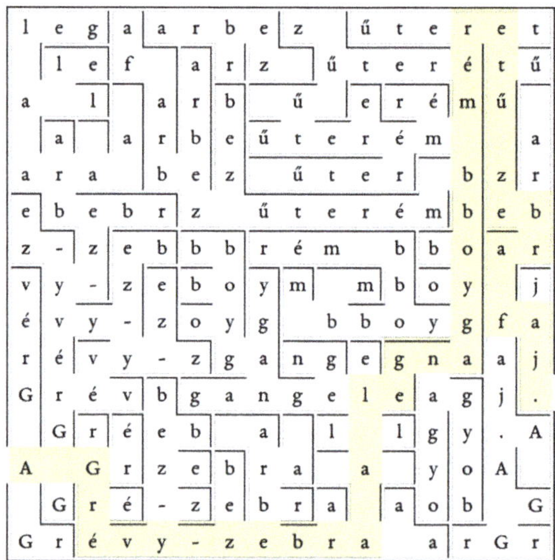

A Grévy-zebra a legnagyobb méretű zebrafaj.
(The Grévy's zebra is the largest zebra species.)

---

3. Word Search

Az alföldi zebra a legelterjedtebb. Az afrikai füves szavannán él.
(The plains zebra is the most widespread one.
It lives in the African grassy savanna.)

11. A GEPÁRDOK

(Cheetahs)

A gepárdok a leggyorsabb szárazföldi állatok.
Macskafélék. Jelenleg a legtöbb példány
Afrikában él. Bundájuk sárgás színű, amit fekete
pöttyök borítanak. A fejük viszonylag kicsi; az
orruk két oldalán fekete csík húzódik lefelé.
Hosszú lábaik van. Ragadozók, vagyis kisebb
állatokra vadásznak. Kedvelt zsákmányállatuk a
gazella. Az utódokat a nőstények egyedül
nevelik. A hímek néha két-három testvérből álló
kis csoportokban élnek. A tigrisekkel
ellentétben a gepárdok tudnak dorombolni.

Selected vocabulary

szárazföldi állat	a land animal
dorombolni	to purr
pötty	dot
viszonylag	relatively
gazella	gazelle
foltos	spotted
hímek	males

1. True/False

**Decide if the statements are
true or false, according to the text.**

1. Cheetahs have small heads. (True/False)
2. The fur of cheetahs is brown in color. (True/False)
3. Most cheetahs live in South America. (True/False)
4. Cheetahs have long legs. (True/False)
5. Cheetahs can run very fast. (True/False)

2. Syllable Puzzle

**Build six words from the syllables below and place them in the
designated spaces. You can use each syllable only once.**

do- -ni bo- -di
-gye-
szá- -la -ják
-dül -föl- -szony-
-lag
ga- vi- -bol- -zel-
e- -raz-
-rom- -rít-

A gepárdok a leggyorsabb _______________________ állatok.

Gyakori zsákmányállatuk a _______________.

A nőstények _______________ nevelik az utódaikat.

A gepárdok feje _________________ kicsi.

Bundájukat fekete pöttyök _________________.

A gepárdok tudnak _____________________.

3. A Crossword with a Hidden Message

**Fill in the crossword puzzle
with the Hungarian translations of the hints.**

Across:

1 smaller

3 to purr

5 gazelle

6 dot

8 prey

10 thin

Down:

1 liked, favorite

2 relatively

4 nose

5 cheetah

7 tiger

8 stripe

**Once ready, unscramble the letters in the yellow
squares to find the hidden word:**

____

SOLUTIONS

1. True/False

1. True, 2. False, 3. False, 4. True, 5. True

---

2. Syllable Puzzle

A gepárdok a leggyorsabb <u>szárazföldi</u> állatok.
(Cheetahs are the fastest land animals.)
Gyakori zsákmányállatuk a <u>gazella</u>.
(Gazelles are a common prey for them.)
A nőstények <u>egyedül</u> nevelik az utódaikat.
(Females raise their offspring alone.)
A gepárdok feje <u>viszonylag</u> kicsi.
(Cheetahs have a relatively small head.)
Bundájukat fekete pöttyök <u>borítják</u>.
(Their fur is covered in black spots.)
A gepárdok tudnak <u>dorombolni</u>.
(Cheetahs are capable of purring.)

---

3. Crossword Puzzle

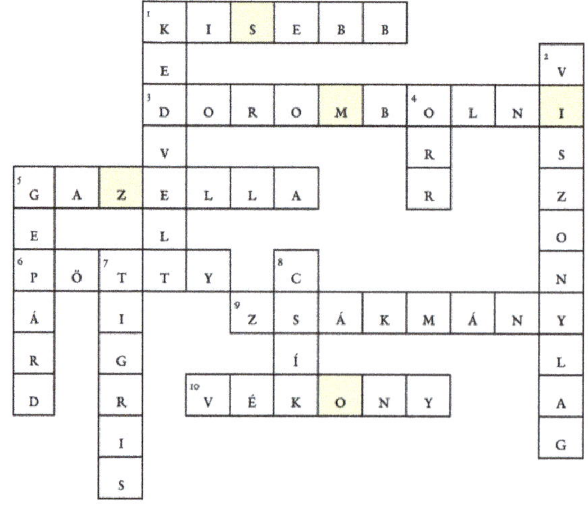

Hidden word:

IZMOS
(muscular)

12. A ZSIRÁFOK

(Giraffes)

A zsiráfok patás állatok. Leginkább a Szaharától délre, az afrikai szavannákon lehet találkozni velük. Növényevők, kérődzők. Fő táplálékuk az akácia fák levelei és virágai. Hosszú nyakuk és hosszú lábuk van, így könnyen elérik a fák lombjait. Nagyon keveset isznak. Szőrüket foltok borítják, emiatt a ragadozók nehezebben veszik őket észre. A zsiráfok csordákban élnek. Az utódokat a nőstények nevelik.

Selected vocabulary

kérődző	ruminant
patás	ungulate
lomb	foliage
akácia	acacia
Szahara	Sahara
szőr	hair, fur

1. Maze

**Navigate the maze by following the sentence
from the starting point to the finish.**

START

CÉL

Once ready, write the hidden message here:

— — — — — — — —

— — — — — — — — — — — —

— — — — — — — .

2. Word Search

Find the Hungarian translations of the words below in the grid.
Directions: → ↓

acacia	_________
females	_________
foliage	_________
hair	_________
herd	_________
neck	_________
offspring	_________
pattern	_________
ruminants	_________
savannas	_________
ungulate	_________

K	H	N	S	Z	Ő	R	O	M	S
É	S	Ő	Z	L	O	M	B	I	Ú
R	I	S	Z	M	O	N	S	N	K
Ő	É	T	A	K	E	Y	U	T	S
D	F	É	K	E	P	A	T	Á	S
Z	K	N	Á	E	T	K	Ó	Z	E
Ő	S	Y	C	S	O	R	D	A	Z
K	Í	E	I	N	Ű	N	O	T	Y
E	L	K	A	V	Ü	K	K	K	E
S	Z	A	V	A	N	N	Á	K	L

Once ready, write the remaining letters here
to find the hidden message:

A zsiráfok __ __ __ __ __ __, __ __ __ __ __,

__ __ __ __ __ __ __ __ __ __ __ __ __ __

__ __ __ __ __ __ __ __ __ __ __ tépik le a leveleket.

3. True/False

Decide if the statements are true or false,
according to the text and exercises.

1. Giraffes are hoofed animals like zebras. (True/False)
2. Due to the pattern of their fur, they blend more easily into their surroundings. (True/False)
3. Offspring are raised by both male and female giraffes. (True/False)
4. The closest relatives of giraffes are okapis. (True/False)

SOLUTIONS

1. Maze

```
o k o k   z   o   z   o k a p i
f o f   z a z   z a z   o k i k
á f á f a   a z a   a z   o k i
r i r á k i a i   i   a z k a p
i s i f o a n a n a i   a o k a
s z r á f n o k o n a i z   o k
A   i r á o k o k o i     z   o
s z s i f k o r o n a i   a z
i s á o k o r   n a i   z z á r
r i r o o r   i a i i A   z s i
á r á f o o i b i a p . A   z s
f   l e e i   b   k a k . A   z
o k k ö z b b e a o p i k . A
k   g k ö z e l z   a p i k . z
  l e g k ö z e   o k a p . A
```

The hidden message:

A zsiráfok legközelebbi rokonai az okapik.
(The closest relatives of giraffes are okapis.)

---

2. Word Search

```
K H N S Z Ő R O M S
É S Ő Z L O M B I Ú
R I S Z M O N S N K
Ő É T A K E Y U T S
D F É K E P A T Á S
Z K N Á E T K Ó Z E
Ő S Y C S O R D A Z
K Í E I N Ű N O T Y
E L K A V Ü K K K E
S Z A V A N N Á K L
```

The hidden message:

A zsiráfok hosszú, izmos, kékesfekete színű nyelvükkel tépik le a leveleket.
(Giraffes use their long, muscular, bluish-black tongues to tear off leaves.)

---

3. True/False

1. True, 2. True, 3. False, 4. True

13. A KROKODILOK

(Crocodiles)

A krokodilok nagy testű hüllők. Tojásokkal szaporodnak. Úszóhártyás lábaik vannak, testüket pikkelyek fedik. Szemük és orrnyílásuk a fejük felső részén található. Szemüket a víz alatt átlátszó hártya védi. Nem távolodnak el messzire a víztől. A szárazföldön esetlenül mozognak. Európa és az Antarktisz kivételével valamennyi kontinensen megtalálhatók. Igen sikeres ragadozók. Zsákmányukat bevonszolják a víz alá és megvárják, amíg megfullad. A krokodilok időnként csoportosan vadásznak. Embereket is megtámadnak.

Selected vocabulary

pikkely	scale
csoportosan	in groups
megtámadni	to attack
vonszolni	to drag
úszóhártya	web

1. Word Spiral

Match the English words with their Hungarian translations. In the spiral, each translation appears multiple times, except for one that is missing completely. Which one?

madarak, esetlen, orrnyílás, pikkely, megtámad, úszóhártyás, sikeres, úszóhártyás, pikkely, esetlen, megtámad, zsákmány, pikkely, időnként, tojás, sikeres, pikkely, zsákmány, időnként, tojás

(it) attacks	______________	prey	______________
awkward	______________	scale	______________
birds	______________	successful	______________
egg	______________	webbed	______________
in groups	______________	occasionally	______________
nostril	______________		

2. True/False

Decide if the statements are true or false, according to the text.

1. Their eyes and nostrils are located on the lower part of their heads. (True/False)
2. Crocodiles can be found on every continent. (True/False)
3. Crocodiles lay eggs. (True/False)
4. Crocodiles always hunt alone. (True/False)
5. They attack humans, too. (True/False)
6. Their skin is covered with short hair. (True/False)

3. Matching Exercise

Match the beginnings and endings of the sentences together!

1. A krokodilok a ...

2. Amikor víz alá merülnek, ...

3. A kifejlett krokodilnak gyakorlatilag ...

4. A krokodilok a szárazföldön...

5. A nőstények a parton gödröket ásnak, ...

6. A krokodilok hosszú ideig ...

a.) ... ebbe rejtik tojásaikat.

b.) .... orrnyílásukat is be tudják csukni.

c.) ... képesek kibírni evés nélkül.

d.) ... dinoszauruszoknak is rokonai.

e.) ... nincsenek ellenségei.

f.) ... esetlenül mozognak.

4. Word Scramble

Unscramble the following words and write them into the squares. A new word will be revealed when reading the letters in the yellow squares from top to bottom.

OSRPCSOTNAO

DKNNTŐÉI

SIKSEER

IESNNTNOK

MEEBR

TLÁTÓÁSZ

NYRÁRÍSOL

✦ ✦ ✦

In English: *in groups, occassionally, successful, continent, human, transparent, nostril*

SOLUTIONS

1. Word Spiral

(it) attacks —— megtámad	prey —— zsákmány
awkward —— esetlen	scale —— pikkely
birds —— madarak	successful —— sikeres
egg —— tojás	webbed —— úszóhártyás
nostril —— orrnyílás	occasionally —— időnként

The missing word in the word spiral is *csoportosan* (in groups)

---

2. True/False

1. False, 2. False, 3. True, 4. False, 5. True, 6. False

---

3. Matching Exercise

1d, 2b, 3e, 4f, 5a, 6c

In English:

1. Crocodiles are also relatives of dinosaurs.
2. When they submerge underwater, they can close their nostrils as well.
3. Fully grown crocodiles have virtually no enemies.
4. Crocodiles move clumsily on land.
5. Females dig holes on the shore to hide their eggs in.
6. Crocodiles can endure for long periods without eating.

---

4. Word Scramble

	C	S	O	P	O	R	T	O	S	A	N	
				I	D	Ő	N	K	É	N	T	
		S	I	K	E	R	E	S				
				K	O	N	T	I	N	E	N	S
				E	M	B	E	R				
		Á	T	L	Á	T	S	Z	Ó			
O	R	R	N	Y	Í	L	Á	S				

14. A CSIMPÁNZOK

(Chimpanzees)

A csimpánzok főemlősök. Testüket barna vagy fekete szőr fedi, de az arcuk csupasz. Többségük sűrű erdőkben él. Ügyesen mozognak a fákon és a földön is. A csimpánzok nagyon okosak. Eszközöket használnak. Eszközeikkel hangyákat és mézet gyűjtenek, illetve diót és más kemény magvakat törnek fel. Időnként kis állatokat is esznek. Különféle hangjelzésekkel figyelmeztetik egymást, ha veszélyes ragadozók közelednek.

Selected vocabulary

főemlősök	primates
csupasz	bare
eszközök	tools
gyűjteni	to gather
figyelmeztetni	to alert, to warn
hangya	ant

1. True/False

Decide if the statements are true or false, according to the text.

1. Chimpanzees are reptiles. (True/False)
2. Chimpanzees have fur covering their bodies but have bare faces. (True/False)
3. Most chimpanzees live in dense forests. (True/False)
4. Chimpanzees are known for their high intelligence. (True/False)
5. They use tools to gather ants and honey or crack open hard nuts. (True/False)

2. Antonyms

In the word spiral, you will find Hungarian words. Separate the words with lines, remove the duplicates, and then match the remaining 16 words to their antonyms (also found in the spiral)!

___________________   ___________________

___________________   ___________________

___________________   ___________________

___________________   ___________________

___________________   ___________________

___________________   ___________________

___________________   ___________________

3. A Crossword with a Hidden Message

**Fill in the crossword puzzle
with the Hungarian translations of the hints.**

Across:

3 dangerous

7 to warn, to alert

8 reptiles

9 tools

10 intelligent

Down:

1 sparse

2 bare

4 hair, fur

5 skillfully

6 primates

8 ants

**Once ready, unscramble the letters in the yellow
squares to find the hidden word:**

____

SOLUTIONS

1. True/False

1. false, 2. true, 3. true, 4. true, 5. true

---

2. Antonyms

csupasz – szőrös *(bare – hairy)*
sűrű – gyér *(dense – sparse)*
okos – buta *(smart – foolish)*
különféle – egyforma *(various – uniform)*
kicsi – nagy *(small – big)*
veszélyes – veszélytelen *(dangerous – harmless)*
ügyesen – ügyetlenül *(skillfully – clumsily)*
kemény – puha *(hard – soft)*

---

3. Crossword Puzzle

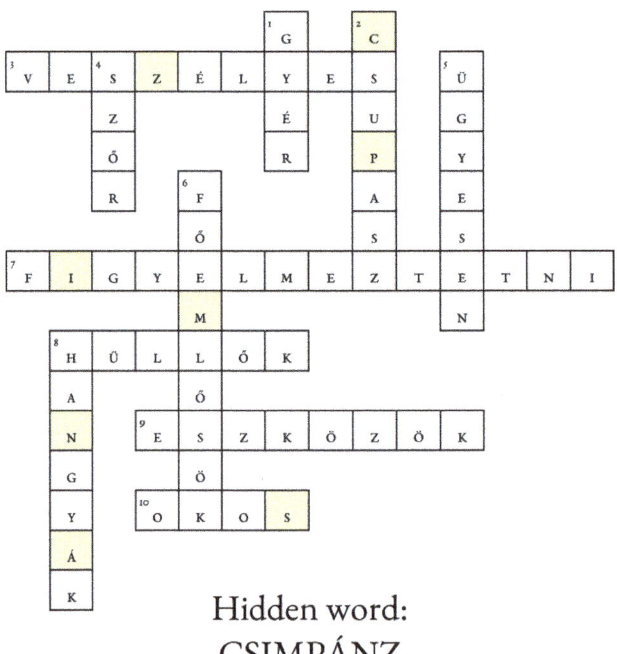

Hidden word:
CSIMPÁNZ

15. AZ OROSZLÁNOK

(Lions)

Az oroszlánok a macskafélék családjába tartoznak. A hímeknek jellegzetes sörényük van. Ragadozók. Ha falkában vadásznak, maguknál jóval nagyobb állatot is képesek elejteni. Egy kis ázsiai csoporttól eltekintve az oroszlánok mind Afrikában élnek. Főleg a fás területeket és a füves szavannákat kedvelik. A nőstények többnyire falkákban élnek, egy vagy két domináns hím társaságában. A területüket védik a betolakodóktól. Kölykeiket két évig gondozzák, ezt követően a hím utódokat elkergetik a falkától. Sok hím oroszlán élete végéig magányosan kóborol.

Selected vocabulary

sörény	mane
falka	pride
állatot elejteni	to kill an animal
elkergetni	to chase away
kóborolni	to roam
ettől eltekintve	apart from this
betolakodók	intruders

1. True/False

Decide if the statements are true or false, according to the text.

1. Male lions have a distinctive mane. (True/False)
2. Lions are herbivores. (True/False)
3. With the exception of a small Asian group, lions live in Africa. (True/False)
4. Lioness mothers care for their cubs for two years. (True/False)
5. Many male lions roam alone for their entire lives. (True/False)

2. Comparison

Compare the animals! Circle the letter found underneath the animal for which the given statement is true.

	Zsiráfok	Koalák	Pingvinek	Oroszlánok
Ausztráliában élnek.	O	K	A	E
Madarak.	B	L	I	Z
Patás állatok.	T	M	R	D
Szárazföldi ragadozók.	O	D	A	Ű
Eukaliptusz leveleket esznek.	M	N	S	K
Halakkal táplálkoznak.	T	A	Ő	E
A hideg éghajlatot kedvelik.	N	G	V	D
Macskafélék.	A	E	Ú	Á
Kérődzők.	L	J	M	B
Időnként falkában vadásznak.	R	J	R	A
Erszényesek.	A	S	A	Ó
Hosszú nyakuk van.	Z	E	N	M

Once ready, write the letters found in the squares of the correct answers to find a hidden message:

___ ___ ___ ___ ___ ___   ___ ___ ___ ___ ___ ___

3. Word Search Puzzle

Find the Hungarian translations of the words below in the grid.
Directions:

→ ↓ ↙ ↘

Asian	___________	predators	___________
(it) defends	___________	pride	___________
dominant	___________	(it) roams	___________
felines	___________	savanna	___________
mane	___________	territory	___________

M	A	T	S	Ö	R	É	N	Y	U	D
Ó	A	S	O	Z	K	S	V	É	D	I
D	Z	C	T	E	A	R	I	R	N	T
O	A	K	S	E	Ő	V	A	K	O	F
M	Á	R	S	K	R	G	A	Z	A	A
I	K	Z	B	A	A	Ü	N	N	E	L
N	U	R	S	D	Ó	F	L	P	N	K
Á	Á	B	O	I	A	N	É	E	I	A
N	S	Z	É	L	A	T	E	L	T	K
S	Ó	O	R	O	S	I	Z	L	É	Á
K	Ó	B	O	R	O	L	N	O	K	K

**Once ready, write down the remaining letters one after the other to find
the hidden message:**

__ __ __ __ __ __ __   __ __ __ __ __ __ __

__ __ __ __ __ __ __ __ __ __ __ __ __

__ __ __ __ __ __ __ __ __   __ __ __ __ __ __ __ __

__ __ __ __ __ __ __ __ __ .

SOLUTIONS

1. True/False

1. True, 2. False, 3. True, 4. True, 5. True

---

2. Comparison

	Zsiráfok	Koalák	Pingvinek	Oroszlánok
Ausztráliában élnek.	O	K	A	E
Madarak.	B	L	I	Z
Patás állatok.	T	M	R	D
Szárazföldi ragadozók.	O	D	A	Ű
Eukaliptusz leveleket esznek.	M	N	S	K
Halakkal táplálkoznak.	T	A	Ő	E
A hideg éghajlatot kedvelik.	N	G	V	D
Macskafélék.	A	E	Ú	Á
Kérődzők.	L	J	M	B
Időnként falkában vadásznak.	R	J	R	A
Erszényesek.	A	S	A	Ó
Hosszú nyakuk van.	Z	E	N	M

The hidden message: kitűnő válasz (excellent answer)

In English (from top to bottom):

They live in Australia. They are birds. They are hoofed animals. They are terrestrial predators. They eat eucalyptus leaves. They feed on fish. They prefer cold climates. They are felines. They are ruminants. They sometimes hunt in packs. They are marsupials. They have long necks.

---

3. Word Search Puzzle

M	A	T	S	Ö	R	É	N	Y	U	D
Ó	A	S	O	Z	K	S	V	É	D	I
D	Z	C	T	E	A	R	I	R	N	T
O	A	K	S	E	Ő	V	A	K	O	F
M	Á	R	S	K	R	G	A	Z	A	A
I	K	Z	B	A	A	Ü	N	N	E	L
N	U	R	S	D	Ó	F	L	P	N	K
Á	Á	B	O	I	A	N	É	E	I	A
N	S	Z	É	L	A	T	E	L	T	K
S	Ó	O	R	O	S	I	Z	L	É	Á
K	Ó	B	O	R	O	L	N	O	K	K

The hidden message:
A tudósok szerint a kőkorszakban Európában is éltek oroszlánok.
(According to scientists, lions also lived in Europe during the Stone Age.)

16. A KENGURUK

(Kangaroos)

Több kengurufaj is létezik. A legnagyobb ezek közül a vörös óriáskenguru, amely Ausztrália vízben szegény sivatagos, félsivatagos belső területein él. Tömött, puha szőr fedi a testüket. A kenguruknak erős lábaik vannak, ugrálva haladnak előre. Utódaik a születésükkor még teljesen csupaszok. Ekkor még nincs fülük és szemük sem. Felkapaszkodnak anyjuk erszényébe és ebben töltik életük első hónapjait. A kenguruk növényevők, fűvel és falevelekkel táplálkoznak.

Selected vocabulary

faj	species
tömött	thick, dense
ugrálva	jumping
erszény	pouch
felkapaszkodnak	they climb up

1. True/False

Decide if the statements are true or false, according to the text.

1. Red kangaroos are the only kangaroo species in the world. (True/False)
2. The kangaroos inhabit water-rich areas in Australia. (True/False)
3. Kangaroos have dense and soft fur covering their bodies. (True/False)
4. Kangaroos have weak legs and they primarily crawl on the ground. (True/False)
5. Kangaroo offspring are born completely hairless, without ears or eyes. (True/False)
6. Kangaroo joeys climb into their mother's pouch and spend their first months of life there. (True/False)

2. Word Scramble

Unscramble the following words and write them into the squares. A new word will be revealed when reading the letters in the yellow squares from top to bottom.

TÓDOKU

ÖRVÖS

GITVASA

RUVLÁGA

NYÉRESZ

Solution

In Hungarian: ____ ____ ____ ____

In English: ____ ____ ____ ____ ____

✦ ✦ ✦

If you need help, the English translations of the Hungarian words above can be found here: *offspring, red, desert, jumping, pouch*.

3. A Crossword with a Hidden Message

Fill in the crossword puzzle
with the Hungarian translations of the hints.

Across:

3 plants

5 stuffed, dense

6 leaf

7 soft

9 bare

10 inner

12 to nourish, to eat

13 giant

14 species

Down:

1 red

2 to climb up

4 birth

8 Australia

11 fur, hair

**Once ready, unscramble the letters
in the yellow squares to find the
hidden word:**

____

SOLUTIONS

1. True/False

1. False, 2. False, 3. True, 4. False, 5. True, 6. True

---

2. Word Scramble

U	T	Ó	D	O	K	
V	Ö	R	Ö	S		
	S	I	V	A	T	A	G
U	G	R	Á	L	V	A	
E	R	S	Z	É	N	Y	

The hidden word: óriás (giant)

---

3. Crossword

The hidden word: erszényes (marsupial)

17. A VÍZILOVAK

(Hippos)

A vízilovak Afrikában élnek. A világ legnagyobb emlősei közé tartoznak. Hengeres testük van. A fejük nagy, a lábaik rövidek. Párosujjú patások. Bumfordi termetük ellenére nagyon jó úszók. Akár öt percig is vissza tudják tartani a lélegzetüket a víz alatt. Nappal általában pihennek, éjszaka indulnak élelmet keresni. A vízilovak növényevők, főként füvet esznek. Nagyon erősek és éles fogaik vannak. Veszélyesek lehetnek, ha fenyegetve érzik magukat. A tudósok szerint legközelebbi rokonaik a cetek, vagyis a delfinek és a bálnák.

Selected vocabulary

hengeres	cylindrical
párosujjú patások	even-toed ungulates
bumfordi	clumsy, bulky
fenyegetni	to threaten
cetek	cetaceans
bálna	whale

1. True/False

**Decide if the statements are true or false,
according to the text.**

1. Hippos have single-toed hooves. (True/False)
2. Their heads are large, and their legs are short. (True/False)
3. They are carnivorous and mainly eat meat. (True/False)
4. Despite their bulky size, they are excellent swimmers. (True/False)
5. Hippos have strong and sharp teeth. (True/False)
6. They are not considered dangerous. (True/False)
7. Scientists believe that their closest relatives are dolphins and whales.
   (True/False)

2. A Crossword with a Hidden Message

**Fill in the crossword puzzle
with the Hungarian translations of the hints.**

Across:

1 (it) threatens

7 food

8 sharp

9 clumsy

11 relatives

12 scientist

Down:

2 during the day

3 strong

4 stature

5 cylinder

6 (it) holds back

8 during the night

9 whale

10 short

**Once ready, unscramble the letters in the
yellow squares to find the hidden word:**

____

3. Which statement is false?

A víziló ...

4. Multiple Choice

Decide which answer is correct according to the text.

1. When are hippos typically active?

   a) During daylight hours.
   b) During the night.
   c) Both daytime and nighttime.
   d) It varies depending on the season.

2. Where do hippos primarily live?

   a) In South America.
   b) In North America.
   c) In Africa.
   d) In Asia.

3. What do hippos primarily eat?

   a) Meat.
   b) Fish.
   c) Grass.
   d) Leaves.

SOLUTIONS

1. True/False

1. False, 2. True, 3. False, 4. True, 5. True, 6. False, 7. True

---

2. Crossword

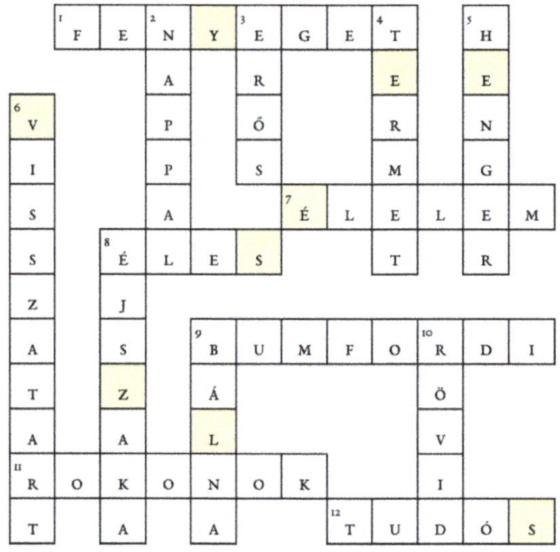

The hidden word: veszélyes (dangerous)

---

3. Which statement is false?

kecses mozgású

4. Multiple Choice

1. b) During the night.
2. c) In Africa.
3. c) Grass.

18. AZ ORRSZARVÚK

(Rhinoceroses)

Az orrszarvúk Afrikában és Ázsiában élnek. Nagy testű patás állatok. Nagyon erősek és gyorsan tudnak futni. A bőrük kemény és vastag. Szarv van az orrukon, erről kapták magyar nevüket. Az orrszarvúk növényevők, füvet és leveleket esznek. Látásuk gyenge, de hallásuk és szaglásuk kitűnő. Különféle hangokkal kommunikálnak egymással: morognak, horkantanak. Általában magányosan élnek, kivéve a fehér orrszarvúkat, amelyek kis csapatokba is összeverődhetnek.

Selected vocabulary

szarv	horn
összeverődni	to get together
morgás	growling
horkantás	snorting

1. True/False
**Decide if the statements are true or false,
according to the text.**

1. Rhinoceroses live only in Africa. (True/False)
2. Rhinoceroses are small animals. (True/False)
3. They have soft and thin skin. (True/False)
4. Rhinoceroses have horns on their noses. (True/False)
5. Rhinoceroses are carnivores, mainly feeding on meat. (True/False)
6. Their vision is strong, but their hearing is weak. (True/False)
7. Rhinoceroses communicate with each other using various sounds
   like growling and snorting. (True/False)
8. Rhinoceroses are social animals and live in large herds. (True/False)

2. Word Scramble
**Unscramble the following words and write them into the squares.
A new word will be revealed in the yellow squares.**

MENYÉK

KHANTOR

SZRAV

ASTPÁKO

ELÜDGYE

NEGEGY

IZSÁA

NUFKAT

Solution

In Hungarian:

____

In English:

____

If you need assistance, the English translations of the Hungarian words above can
be found here: *hard, (it) snorts, horn, ungulates, alone, weak, Asia, (they) run.*

3. Syllable Puzzle

Fill in the blanks with the appropriate words using the syllables in the word bank.

1. A rinocéroszok _______________________ és Ázsiában élnek.

2. Az orrszarvúk gyorsan _________________ futni.

3. Kemény és vastag ____________ van, ami védelmet jelent

   a ragadozókkal _________________.

4. A rinocéroszok az _____________ levő szarvról kapták

   magyar _________________.

5. Az orrszarvúak legtöbbször _____________________ élnek.

6. A rinocéroszok különféle _________________________

   figyelmeztetik egymást a _________________________.

SOLUTIONS

1. True/False

1.False, 2. False, 3. False, 4. True, 5. False, 6. False, 7. True, 8. False

---

2. Word Scramble

<table>
<tr><td></td><td></td><td></td><td>K</td><td>E</td><td>M</td><td>É</td><td>N</td><td>Y</td><td></td><td></td></tr>
<tr><td></td><td></td><td></td><td></td><td>H</td><td>O</td><td>R</td><td>K</td><td>A</td><td>N</td><td>T</td></tr>
<tr><td></td><td></td><td>S</td><td>Z</td><td>A</td><td>R</td><td>V</td><td></td><td></td><td></td><td></td></tr>
<tr><td>P</td><td>A</td><td>T</td><td>Á</td><td>S</td><td>O</td><td>K</td><td></td><td></td><td></td><td></td></tr>
<tr><td></td><td></td><td></td><td></td><td>E</td><td>G</td><td>Y</td><td>E</td><td>D</td><td>Ü</td><td>L</td></tr>
<tr><td></td><td></td><td>G</td><td>Y</td><td>E</td><td>N</td><td>G</td><td>E</td><td></td><td></td><td></td></tr>
<tr><td></td><td>Á</td><td>Z</td><td>S</td><td>I</td><td>A</td><td></td><td></td><td></td><td></td><td></td></tr>
<tr><td>F</td><td>U</td><td>T</td><td>N</td><td>A</td><td>K</td><td></td><td></td><td></td><td></td><td></td></tr>
</table>

The hidden word:

morognak
(they growl)

---

3. Syllable Puzzle

1. A rinocéroszok **Afrikában** és Ázsiában élnek. (Rhinos live in Africa and Asia.)

2. Az orrszarvúk gyorsan **tudnak** futni. (Rhinoceroses can run quickly.)

3. Kemény és vastag **bőrük** van, ami védelmet jelent a ragadozókkal **szemben**. (They have tough and thick skin, which provides protection against predators.)

4. A rinocéroszok az **orrukon** levő szarvról kapták magyar **nevüket**. (Rhinoceroses got their Hungarian name from the horn on their noses.)

5. Az orrszarvúak legtöbbször **egyedül** élnek. (Rhinos mostly live alone.)

6. A rinocéroszok különféle **hangokkal** figyelmeztetik egymást a **veszélyre**. (Rhinos warn each other of danger with various sounds.)

19. A FÓKÁK

(Seals)

A fókák tengeri emlősök. A világ számos részén megtalálhatók, az Északi-sarkvidéktől egészen az Antarktiszig. Népes kolóniákban élnek. A fókák halakkal, kagylókkal, tintahalakkal, rákokkal táplálkoznak. Ragadozók. Testformájuk orsóhoz hasonlít, ami segíti őket az úszásban. Be tudják zárni orr- és fülnyílásukat. Az anyák hosszú hónapokig gondozzák kölykeiket. A fókák legközelebbi rokonai a rozmárok.

Selected vocabulary

kagyló	shell
tintahal	squid
kolóniák	colonies
orsó	spindle
kölykeik	their pups
rozmár	walrus

1. True/False

Decide if the statements are true or false, according to the text.

1. Seals are herbivores, primarily feeding on plants and vegetation. (True/False)
2. The body shape of seals resembles a spindle, which aids in their swimming. (True/False)
3. Seals can close their nostrils and ear openings. (True/False)
4. Seals nurse their offspring for only a few days before they become independent. (True/False)
5. Seals are solitary creatures and rarely interact with each other. (True/False)

2. Syllable Puzzle

Fill in the blanks with the appropriate words using the syllables below. You can use each syllable only once.

1. A fókák tengeri ______-______-______.

2. ______-______ alakú testük van.

3. Be tudják zárni orr- és ______-______-______-______-______.

4. ______-______-______-______ gondozzák kicsinyeiket.

5. A fókák ______-______-______-______-______ rokonai a

rozmárok.

3. A Crossword with a Hidden Message

**Fill in the crossword puzzle
with the Hungarian translations of the hints.**

Across:

1 Arctic/Antarctic region

5 close, close up

6 world

8 sea

11 spindle

12 walrus

13 squid

14 swimming

Down:

2 shells

3 body shape

4 crab

7 Antarctica

9 relative

10 north

**Once ready, unscramble the letters in the yellow
squares to find the hidden word:**

____

SOLUTIONS

1. True/False

1. False, 2. True, 3. True, 4. False, 5. False

---

2. Syllable Puzzle

1. em-lő-sök, 2. Or-só, 3. fül-nyí-lá-su-kat,
4. Hó-na-po-kig, 5. leg-kö-ze-leb-bi

---

3. Crossword

```
S A R K V I D É K
T                 A
  R                   A
B E Z Á R       V I L Á G
  S   K     A           Y
  T   T E N G E R     R L
  F   É       T   O R S Ó
  O   S       A   K     K
  R O Z M Á R     O
  M   A       K   N
  A   K       T
        T I N T A H A L
              S
        Ú S Z Á S
```

The hidden word: kolóniák (colonies)

20. A CÁPÁK
(Sharks)

A cápák halak. Porcos vázuk van, kopoltyúval lélegeznek. Erőteljes, áramvonalas testtel rendelkeznek. A Föld minden óceánjában megtalálhatók. Húsevő ragadozók, vagyis más állatokkal táplálkoznak: halakkal, tintahalakkal, rákokkal és tengeri emlősökkel. Egy-egy fajuk, például a nagy fehér cápa az óceánok egyik csúcsragadozója, aminek a kardszárnyú delfinen kívül nincs természetes ellensége.

Selected vocabulary

porcos	cartilaginous
(csont)váz	skeleton
kopoltyú	gill
áramvonalas	streamlined
húsevő	carnivorous
csúcsragadozó	apex predator
kardszárnyú delfin	killer whale

1. True/False

Decide if the statements are true or false, according to the text.

1. Sharks are mammals. (True/False)
2. Sharks have a cartilaginous skeleton. (True/False)
3. Sharks breathe through their lungs. (True/False)
4. Sharks have a streamlined body shape. (True/False)
5. For the great white shark, there are no natural predators at all.
   (True/False)

2. Word Search

Find the Hungarian translations of the words below in the grid.
Directions: ↓ →

apex predator
carnivorous
cartilaginous
dolphin
enemy
gill
large
natural
shark
species
squid
streamlined
water

C	C	T	I	N	T	A	H	A	L
S	Á	E	P	C	Á	P	A	Á	E
Ú	K	R	F	O	R	V	Í	Z	L
C	G	M	A	I	A	E	G	É	L
S	S	É	Z	É	M	L	E	T	E
R	Ü	S	K	B	V	E	N	F	N
A	O	Z	L	P	O	R	C	O	S
G	Y	E	A	M	N	A	G	Y	É
A	A	T	T	O	A	S	A	N	G
D	C	E	D	E	L	F	I	N	S
O	E	S	R	F	A	J	É	L	Ő
Z	D	N	H	Ú	S	E	V	Ő	E
Ó	K	O	P	O	L	T	Y	Ú	K

Once ready, write down the remaining letters one after the other to find the hidden message.

A __ __ __ __ __   __ __ __ __ __   __ __ __ __ __

__ __ __ __ __ __ __ __

__ __ __ __ __ __ __ __ __ __

__ __ __ __ __ __ __ __ __ .

3. Maze

**Navigate the maze by following the sentence
from the starting point to the finish.**

CÉL

é	é	r	e	t	t	e	t	t	e	k	,	A	.	A	g	a	z
	k		é	t	t	e	l	t	e	k	,	k		k	.	l	z	s
k	á	k		t	e	l	j	l	k	,	i	k	i	k	u	s	á	s
	p	á	t	e	l	j	e	j	l	e	k	l	e	n		j	ó	a
c	á	p	á	l	j	e	f	e	j	d	l	e	m	e	ő	ó		a
	c	á	p	á	l	j		f	e	e	k	l	e	l	d	ő	e	s
A		c	á	p	á		l		f	d	e	k	l	k	e	e	n	s	z
	p	á	k	á	k	l	ü	l		f	d	e	k	e	d	ő	e	z	a
z	s	k	é	z		ü	v		f	e	ő	d	e	d	ő	e	n	
s	k	é	z	r	é	k	í	l		n	e	ő	d	ő	e	n		j	ó
z	s		r	e	n	d	k	ü	f	e	n	e	ő	e	n		j	ó
e	r	i	e	n	í	k	í	v	ü	l		n		n		j	ó		a
r	v	e	i		v	í	v	ü	l	e	j	ó	j		j	ó		a
v	e	i		r	e	v	ü	l		f	ó		a		ó		a		s
e	i		r	e	n	d	k	í	f	e		a		a		a		s	z
i		n	e	n	d	v	ü	v	e	j	a		s		a		s	z	a
	r	e	k	d	k	í	l		f	e	z	s	z	s		a	z	a	g
r	e	n	í	k	í	v	ü	l		f	e	z	s	á	l	g	a	g	l
e	n	d	v	í	v	ü	l		f	e	j	l	e	s	á	l	g	l	á
n	í	k	ü	v	ü	l		f	e	j	l	e	t	t	s	á	s	á	s

Once ready, write the hidden message here:

__ __ __ __ __ __ __ __ __ __ __ __ __ __

__ __ __ __ __ __ __ __ __ __ __ __ __ __ __,

__ __ __ __ __ __ __ __ __ __ __ __

__ __ __ __ __ __ __.

START

SOLUTIONS

1. True/False

1. False,
2. True,
3. False
4. True
5. False

The hidden message:

A cápák fogai egész életükben folyamatosan cserélődnek. (Sharks' teeth are constantly replaced throughout their entire lives.)

---

2. Word Search

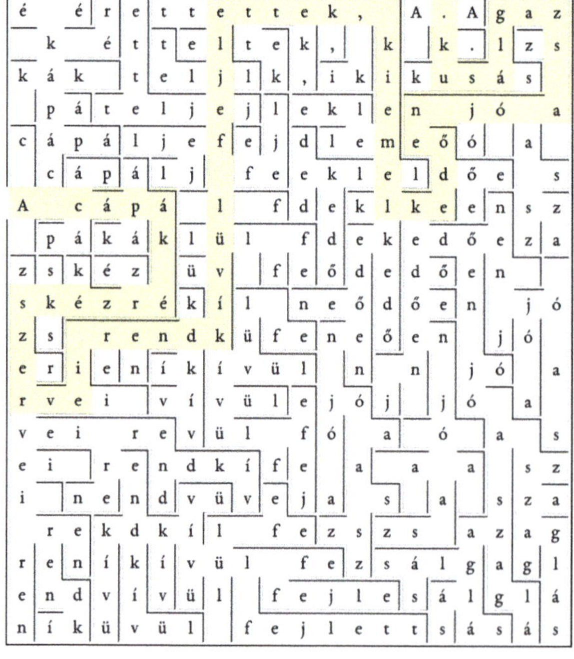

3. Maze

The hidden message:

A cápák érzékszervei rendkívül fejlettek, kiemelkedően jó a szaglásuk.
(Sharks have highly developed sensory organs, and their sense of smell is exceptionally good.)

21. A STRUCCOK
(Ostriches)

A struccok a világ legnagyobb madarai, de nem tudnak repülni. Hosszú nyakuk és erős lábaik vannak. Nagyon gyorsan tudnak futni. A kakas igen magasra megnő, elérheti a 275 centimétert is. A struccok Afrikában őshonosak, de telepeken más kontinensen is lehet találkozni velük. Nyílt szavannás és félsivatagos területeken élnek, jól bírják a szomjazást. Növényeket és kisebb állatokat is esznek. A szülők felváltva ülnek a tojásokon, amikből 40 nap múlva kelnek ki a fiókák.

Selected vocabulary

kakas	rooster
felváltva	alternately, in turns
telepek	settlements, colonies
félsivatag	semi-desert
jól bírja a szomjazást	it tolerates thirst well

1. Multiple Choice
Decide which answer is correct according to the text.

1. Ostriches have a long
______________ and strong legs.
   a) beak
   b) tail
   c) neck
   d) wing

2. How long does it take for
ostrich eggs to hatch?
   a) 10 days
   b) 20 days
   c) 30 days
   d) 40 days

3. Ostriches are known as the
______________ birds in the world.
   a) biggest
   b) fastest
   c) rarest
   d) smallest

4. Ostriches are native to
______________.
   a) Europe
   b) Asia
   c) Africa
   d) South America

2. Word Scramble

Unscramble the following words and write them into the squares.
A new word will be revealed in the yellow squares.

JOSZMAS

ASAKK

DUT

VELTLAVÁF

ESŐR

Solution

In Hungarian:

In English:

__ __ __ __ __   __ __ __ __

If you need help, the English translations of the Hungarian words above can be
found here: *thirsty, rooster / cock, can, alternately, strong.*

3. A Crossword with a Hidden Message

**Fill in the crossword puzzle
with the Hungarian translations of the hints.**

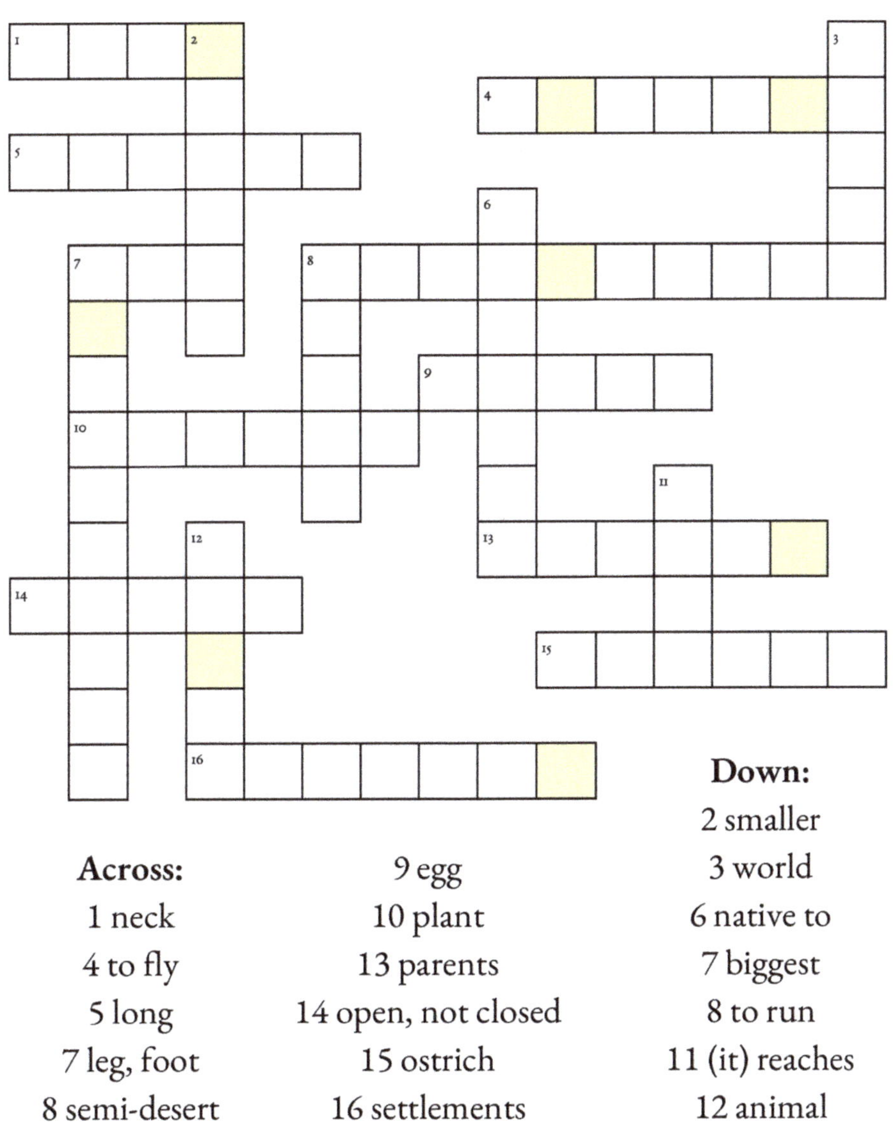

Across:

1 neck

4 to fly

5 long

7 leg, foot

8 semi-desert

9 egg

10 plant

13 parents

14 open, not closed

15 ostrich

16 settlements

Down:

2 smaller

3 world

6 native to

7 biggest

8 to run

11 (it) reaches

12 animal

**Once ready, unscramble the letters in
the yellow squares to find the hidden
word:**

____

SOLUTIONS

1. Multiple Choice

1c, 2d, 3a, 4c

The hidden word:

madár (bird)

2. Word Scramble

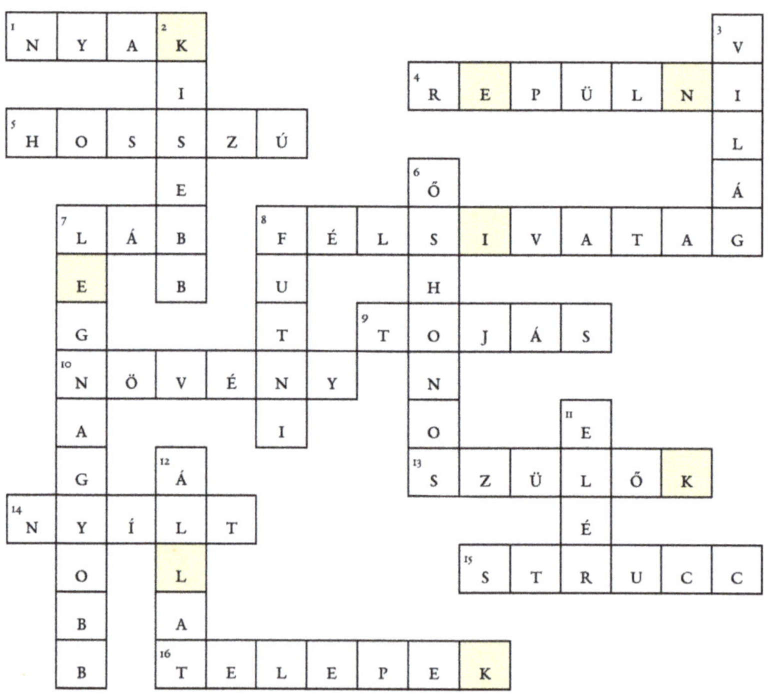

3. Crossword

The hidden word:

kikelnek (they hatch)

22. A HÓDOK

(Beavers)

A hódok nagy rágcsálók, súlyuk elérheti a 25–30 kilót is. Hátsó lábukon úszóhártyák vannak. Észak-Amerikában és Eurázsiában élnek. A folyópartokba vájt üregekben laknak. Ügyelnek arra, hogy lakóhelyük bejárata mindig víz alatt legyen. Ha nincs elég víz a mederben, gátakat építenek, hogy így megemeljék a vízszintet. A hódok növényevők: kérget, gallyakat és leveleket esznek. A szülők körülbelül két évig együtt gondozzák utódaikat. A hódok fogai állandóan nőnek, ezért mindig rágcsálniuk kell.

Selected vocabulary

üregek	cavities
folyómeder	river bed
gát	dam
vízszint	water level

1. Multiple Choice

Decide which answer is correct according to the text.

1. What kind of webbed body part do beavers have?
   a) Front legs
   b) Hind legs
   c) Tail

2. Where do beavers live?
   a) Tree branches
   b) Underground burrows
   c) Riverbanks with dug burrows

3. What do beavers do to ensure the entrance to their homes is always underwater?
   a) Build dams
   b) Climb trees
   c) Dig deeper burrows

4. What is a unique characteristic of beavers' teeth?
   a) They are sharp and pointed
   b) They are flat and wide
   c) They continuously grow and require constant gnawing

2. Syllable Puzzle

Fill in the blanks with the appropriate words using the syllables in the word bank

A hódok nagy ______-______-______, súlyuk 25–30 kg.

Hátsó ______-______-______ úszóhártyák vannak.

A ______-______-______-______-______ vájt üregekben laknak.

Mindig ______-______-______ arra, hogy a bejárata víz alatt legyen.

Ha nincs elég víz a ______-______-______, gátakat építenek.

3. Word Search

Find the Hungarian translations of the words below in the grid.
Directions:

rodents	dams	leaves
hind feet	bark	offspring
efficiently	twigs	cavity

R	H	A	T	É	K	O	N	Y	A	N
M	Á	E	T	S	É	Z	U	T	Ó	D
Ő	T	G	F	O	R	G	A	L	I	K
S	S	A	C	E	E	G	Í	E	T	S
É	Ó	L	G	S	G	G	É	V	V	E
L	L	L	F	Ü	Á	Á	K	E	A	T
I	Á	Y	S	T	R	L	K	L	É	P
E	B	A	A	S	E	E	Ó	E	K	K
I	D	K	Ö	N	T	E	G	K	N	I

Once ready, write down the remaining letters one after the other to find the hidden message.

A hódok éles __ __ __ __ __ __ __ __ __ __ __

__ __ __ __ __ __ __ __ __ __

__ __ __ __ __ __ __ __ __ __ __ __

__ __ __ __ __ __ __ __ .

SOLUTIONS

1. True/False

1b, 2c, 3a, 4c

---

2. Syllable Puzzle

A hódok nagy **rág-csá-lók**, súlyuk 25–30 kg. (Beavers are large rodents, weighing 25–30 kg.)

Hátsó **lá-bu-kon** úszóhártyák vannak. (They have webbed feet on their hind legs.)

A **fo-lyó-par-tok-ba** vájt üregekben laknak. (They live in burrows dug into riverbanks.)

Mindig **ü-gyel-nek** arra, hogy a bejárata víz alatt legyen. (They always ensure that the entrance is underwater.)

Ha nincs elég víz a **me-der-ben**, gátakat építenek. (If there's not enough water in the river bed, they build dams.)

---

3. Word Search

R	H	A	T	É	K	O	N	Y	A	N
M	Á	E	T	S	É	Z	U	T	Ó	D
Ő	T	G	F	O	R	G	A	L	I	K
S	S	A	C	E	E	G	Í	E	T	S
É	Ó	L	G	S	G	G	É	V	V	E
L	L	L	F	Ü	Á	Á	K	E	A	T
I	Á	Y	S	T	R	L	K	L	É	P
E	B	A	A	S	E	E	Ó	E	K	K
I	D	K	Ö	N	T	E	G	K	N	I

The hidden message:

A hódok éles metszőfogaik segítségével képesek fákat is kidönteni.
(Beavers are capable of felling trees with their sharp incisors.)

23. A KAMÉLEONOK
(Chameleons)

A kaméleonok hüllők, amelyek több kontinensen is megtalálhatók. Hosszú, ragacsos nyelvük van, amivel villámgyorsan képesek elkapni a rovarokat. Bal és jobb szemüket egymástól teljesen függetlenül tudják mozgatni. A nőstények tojásokat tojnak, amelyeket eltemetnek a földbe. Miután az utódok kikeltek a tojásból, anyjuk nem gondoskodik róluk, rögtön magukra vannak utalva. A kaméleonok meg tudják változtatni a színüket, hogy ezáltal jobban beleolvadjanak a környezetükbe. Kiváló álcázóképességük ellenére ők is zsákmányul esnek időnként, fő ellenségeik a madarak és a kígyók.

Selected vocabulary

ragacsos	sticky
képesség	ability
tojást tojni	to lay eggs
gondoskodni -ról/-ről	to take care of
magukra vannak utalva	they are self-reliant

1. Multiple Choice

Decide which answer is correct according to the text.

1. What remarkable ability do chameleons have?
   a) Flying
   b) Color-changing
   c) Burrowing

2. What are the main predators of chameleons?
   a) Fish and turtles
   b) Birds and snakes
   c) Lions and tigers

3. How do female chameleons incubate their eggs?
   a) They carry them in their mouths
   b) They bury them in the ground
   c) They keep them in tree hollows

4. What unique feature do chameleons have related to their eyes?
   a) Night vision
   b) Independently rotating eyes
   c) Multiple eyelids

2. Word Scramble

Unscramble the following words and write them into the squares. Find the new word that will be revealed when reading the letters in the yellow squares from top to bottom.

BANBOJ
NÉTSŐNY
NÉKEMLOA
HŐLÜL
ÁVIKLÓ

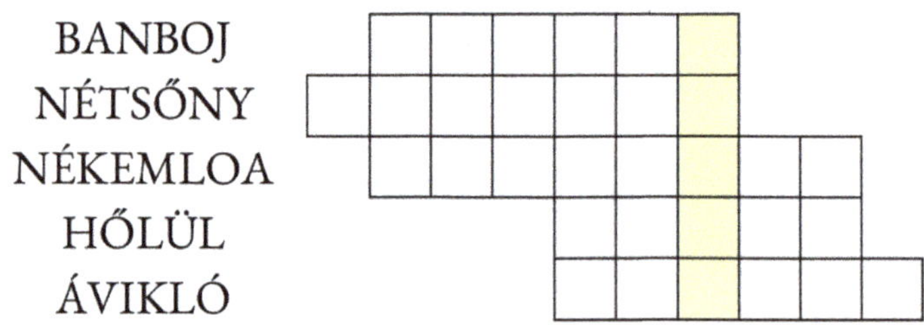

Solution

In Hungarian: In English:

—— —— —— —— ——   —— —— —— —— —— ——

✦   ✦   ✦

If you need assistance, the English translations of the Hungarian words above can be found here: *better, female, chameleon, reptile, excellent.*

3. A Crossword with a Hidden Message

**Fill in the crossword puzzle
with the Hungarian translations of the hints.**

Across:

1 (it) takes care   10 completely

7 reptile   12 camouflage

8 (it) blends into   13 insect

9 immediately   14 (she) lays egg

Down:

2 tongue

3 snake   6 independent

4 ability   9 sticky

5 prey   11 (it) snatches

**Once ready, unscramble the letters in the yellow
squares to find the hidden word:**

____

SOLUTIONS

1. Multiple Choice

1b, 2b, 3b, 4b

2. Word Scramble

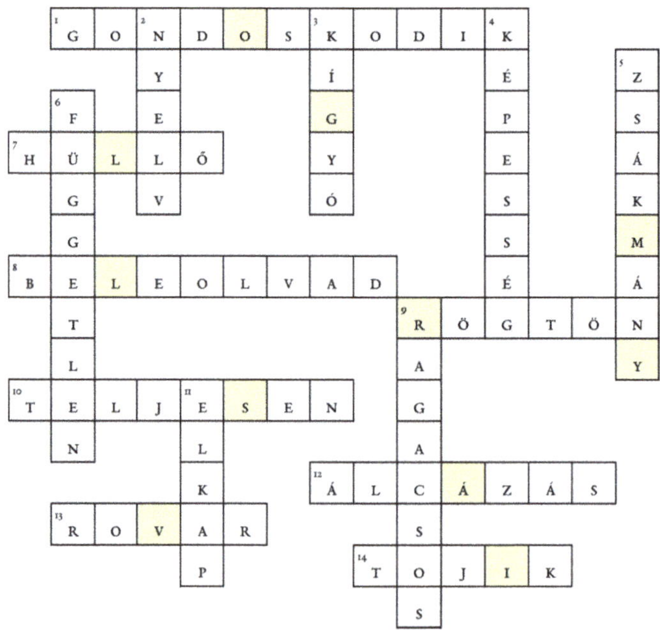

The secret word:

nyelv (tongue)

---

3. Crossword

The secret word:

villámgyors (lightning fast)

24. A POLIPOK

(Octopuses)

A polipok rendkívül okos állatok. A világ különböző tengereiben élnek. Puha, zsákszerű testük van. Csontjaik nincsenek. Nyolc karjuk van, amelyeket tapadókorongok borítanak. Ezek segítségével ragadják meg zsákmányukat és fognak meg tárgyakat. A polipok is képesek megváltoztatni a színüket, hogy jobban beleolvadjanak a környezetükbe. Húsevők. Főként rákféléket, halakat és puhatestűeket esznek. Rájuk a nagyobb halak és emlősök, például delfinek és fókák vadásznak. A nőstények tojásokat raknak és gondosan őrzik őket, amíg a kis polipok ki nem kelnek. Ekkor azonban sorsukra hagyják őket.

Selected vocabulary

tapadókorong	suction cup
zsákszerű	sack-like
csont	bone
puhatestűek	molluscs
őrizni	to guard
sorsára hagyni	to leave it to its fate

1. True/False

Decide if the statements are true or false, according to the text.

1. Octopuses are extremely intelligent creatures. (True/False)
2. Octopuses have bones. (True/False)
3. They have eight arms covered in suction cups. (True/False)
4. Octopuses are herbivores. (True/False)
5. Octopuses are hunted by dolphins and seals. (True/False)
6. Female octopuses lay eggs and carefully guard them until they hatch. (True/False)

2. Syllable Puzzle

Fill in the blanks with the Hungarian translations of the English words below, using the syllables provided!

a) Suction cup: _____-_____-_____-_____-_____

b) Able or capable of doing something: _____-_____

c) A bag-like structure or resembling a sack: _____-_____-_____

d) The prey or catch captured by a predator: _____-_____

e) A large body of saltwater: _____-_____

3. Word Search

Find the Hungarian translations of the words below in the grid.
Directions:

able to	environment	it guards
bone	extremely	mammal
carnivores	fate	molluscs
clever	it blends in	seal
different	it grabs	to hunt

<table>
<tr><td>A</td><td>P</td><td>M</td><td>E</td><td>G</td><td>R</td><td>A</td><td>G</td><td>A</td><td>D</td><td>O</td><td>P</td></tr>
<tr><td>L</td><td>B</td><td>I</td><td>K</td><td>P</td><td>O</td><td>F</td><td>Ó</td><td>K</td><td>A</td><td>U</td><td>K</td></tr>
<tr><td>C</td><td>K</td><td>E</td><td>Ü</td><td>É</td><td>L</td><td>Ö</td><td>Ü</td><td>N</td><td>H</td><td>L</td><td>E</td></tr>
<tr><td>G</td><td>S</td><td>E</td><td>L</td><td>S</td><td>P</td><td>L</td><td>S</td><td>A</td><td>É</td><td>G</td><td>H</td></tr>
<tr><td>Ő</td><td>E</td><td>O</td><td>H</td><td>E</td><td>Ö</td><td>E</td><td>T</td><td>O</td><td>G</td><td>Ú</td><td>Y</td></tr>
<tr><td>R</td><td>R</td><td>H</td><td>N</td><td>N</td><td>O</td><td>E</td><td>S</td><td>A</td><td>S</td><td>V</td><td>E</td></tr>
<tr><td>I</td><td>L</td><td>E</td><td>B</td><td>T</td><td>S</td><td>L</td><td>V</td><td>E</td><td>E</td><td>A</td><td>S</td></tr>
<tr><td>Z</td><td>Z</td><td>Ö</td><td>N</td><td>T</td><td>Í</td><td>T</td><td>V</td><td>I</td><td>K</td><td>D</td><td>E</td></tr>
<tr><td>G</td><td>Z</td><td>Y</td><td>Ű</td><td>D</td><td>O</td><td>Ő</td><td>I</td><td>A</td><td>K</td><td>Á</td><td>K</td></tr>
<tr><td>Ő</td><td>A</td><td>E</td><td>S</td><td>R</td><td>K</td><td>J</td><td>U</td><td>K</td><td>D</td><td>S</td><td>E</td></tr>
<tr><td>A</td><td>K</td><td>T</td><td>O</td><td>Ú</td><td>O</td><td>Í</td><td>J</td><td>A</td><td>T</td><td>Z</td><td>M</td></tr>
<tr><td>T</td><td>U</td><td>D</td><td>R</td><td>N</td><td>S</td><td>A</td><td>V</td><td>K</td><td>N</td><td>N</td><td>L</td></tr>
<tr><td>Ö</td><td>V</td><td>E</td><td>S</td><td>S</td><td>Z</td><td>T</td><td>E</td><td>Ü</td><td>N</td><td>I</td><td>Ő</td></tr>
<tr><td>K</td><td>Ö</td><td>R</td><td>N</td><td>Y</td><td>E</td><td>Z</td><td>E</td><td>T</td><td>L</td><td>I</td><td>S</td></tr>
</table>

Once ready, write down the remaining letters one after the other to find the hidden message.

__ __ __ __ __ __ __

__ __ __ __ __ __ __ __ __ __ __ __,

__ __ __ __ __ __ __ __ __ __ __ __ __

__ __ __ __ __ __ __ __ __ __,__ __ __ __

__ __ __ __ __ __ __ __ __ __ __ __.

SOLUTIONS

1. True/False

1. True, 2. False, 3. True, 4. False, 5. True, 6. True

———

2. Syllable Puzzle

a) Suction cup: tapadókorong
b) Able or capable of doing something: képes
c) A bag-like structure or resembling a sack: zsákszerű
d) The prey or catch captured by a predator: zsákmány
e) A large body of saltwater: tenger

———

3. Word Search

A	P	M	E	G	R	A	G	A	D	O	P
L	B	I	K	P	O	F	Ó	K	A	U	K
C	K	E	Ü	É	L	Ö	Ü	N	H	L	E
G	S	E	L	S	P	L	S	A	É	G	H
Ő	E	O	H	E	Ö	E	T	O	G	Ú	Y
R	R	H	N	N	O	E	S	A	S	V	E
I	L	E	B	T	S	L	V	E	E	A	S
Z	Z	Ö	N	T	Í	T	V	I	K	D	E
G	Z	Y	Ű	D	O	Ő	I	A	K	Á	K
Ő	A	E	S	R	K	J	U	K	D	S	E
A	K	T	O	Ú	O	Í	J	A	T	Z	M
T	U	D	R	N	S	A	V	K	N	N	L
Ö	V	E	S	S	Z	T	E	Ü	N	I	Ő
K	Ö	R	N	Y	E	Z	E	T	L	I	S

The hidden message:

A polipok különlegessége, hogy ha elveszítik egyik karjukat,
újat tudnak növeszteni. (The uniqueness of octopuses is that if they lose one of
their arms, they can grow a new one.)

25. A TEVÉK

(Camels)

Tevékkel általában Észak-Afrikában és Ázsia egyes részein lehet találkozni. Kitűnően alkalmazkodtak a szélsőséges sivatagi környezethez. Háziasították őket, ám elvétve még találhatók vadon élő populációk is. A tevéknek két faja a legismertebb: az egypúpú dromedár és a kétpúpú baktrián. A púpjaikban zsírt tárolnak; ezt bontja le a szervezetük, amikor szűkös körülmények közé kerülnek. Ha tehetik, növényeket esznek: füvet, leveleket, sivatagi cserjéket. Hosszú ideig kibírják víz nélkül. A kis tevék 13 hónapnyi vemhesség után jönnek világra. Néhány óra múlva képesek lábra állni, de anyjuk még évekig gondoskodik róluk.

Selected vocabulary

háziasítás	domestication
elvétve	occasionally
púp	hump
szűkös körülmények	scarce circumstances
lebontani	to break down
cserje	shrub
vemhesség	gestation

1. True/False

Decide if the statements are true or false, according to the text.

1. Camels were able to adapt to extreme desert environments. (True/False)
2. All wild camel populations have been completely eradicated. (True/False)
3. There are two main species of camels: the Dromedary camel and the Bactrian camel. (True/False)
4. Camels store water in their humps. (True/False)
5. Camel calves are independent shortly after birth. (True/False)
6. Camels can survive without water for extended periods. (True/False)

2. Missing Words Puzzle

**Below are Hungarian sentences that have missing words.
Use the word bank provided to complete the sentences.**

szorosan

szemhéjuk

vastag

szemét

kerüljön

idején

sorakozó

A homokviharok ________________ a tevék ________________

megvédik két sorban ________________ hosszú, ___________

szempilláik és három ____________________. Orrnyílásaikat

____________________ be tudják zárni; ez megakadályozza, hogy

homok ________________ a légzőrendszerükbe.

✦ ✦ ✦

In English:
During sandstorms, the eyes of camels are protected by their two rows of long, thick eyelashes and their three eyelids. They can tightly close their nostrils, which prevents sand from entering their respiratory system.

3. A Crossword with a Hidden Message

**Fill in the crossword puzzle
with the Hungarian translations of the hints.**

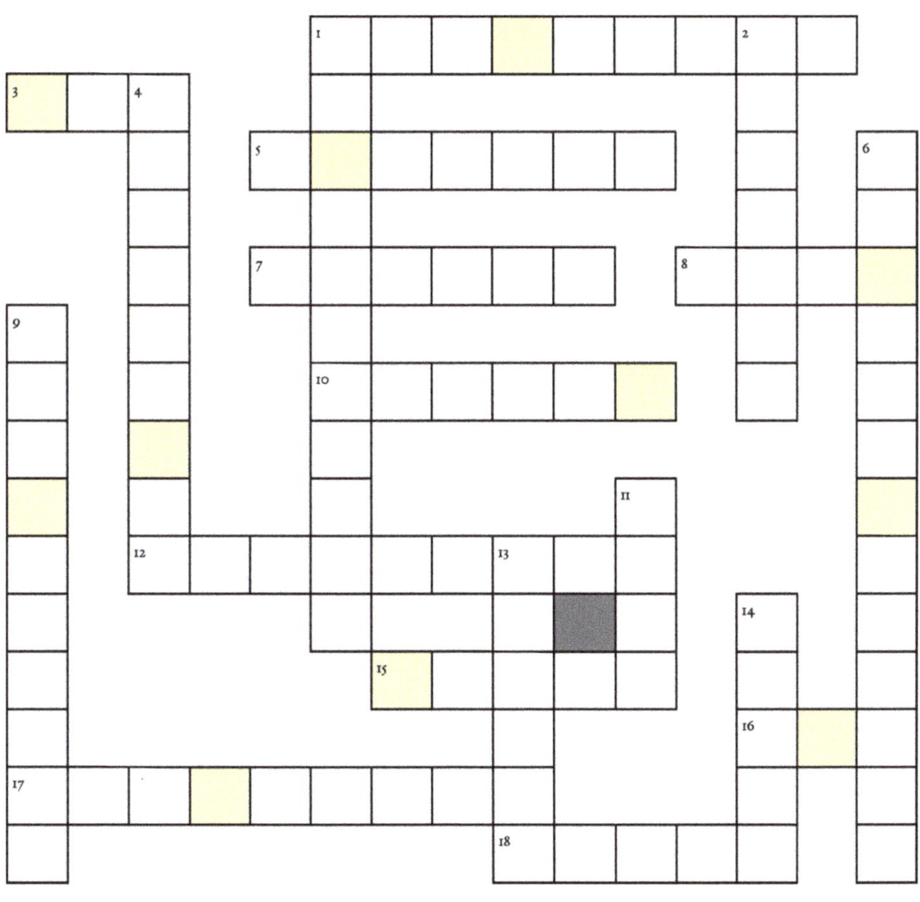

Across:

1 organism, organization
3 trees
5 two-humped
7 shrub
8 roads
10 scarce
12 settlement
15 bear, can stand
16 wild
17 in general
18 (it) stores

Down:

1 extreme
2 sometimes, rarely
4 environment
6 to adopt
9 domestication
11 fat
13 break down
14 far away

The hidden word is:

__ __ __ __ __ - __ __ __ __ __ __

SOLUTIONS

1. True/False

1. True, 2. False, 3. True, 4. False, 5. False, 6. True

---

2. Missing Words

A homokviharok **idején** a tevék **szemét** megvédik két sorban **sorakozó** hosszú, **vastag** szempilláik és három **szemhéjuk**. Orrnyílásaikat **szorosan** be tudják zárni; ez megakadályozza, hogy homok **kerüljön** a légzőrendszerükbe.

---

3. Crossword

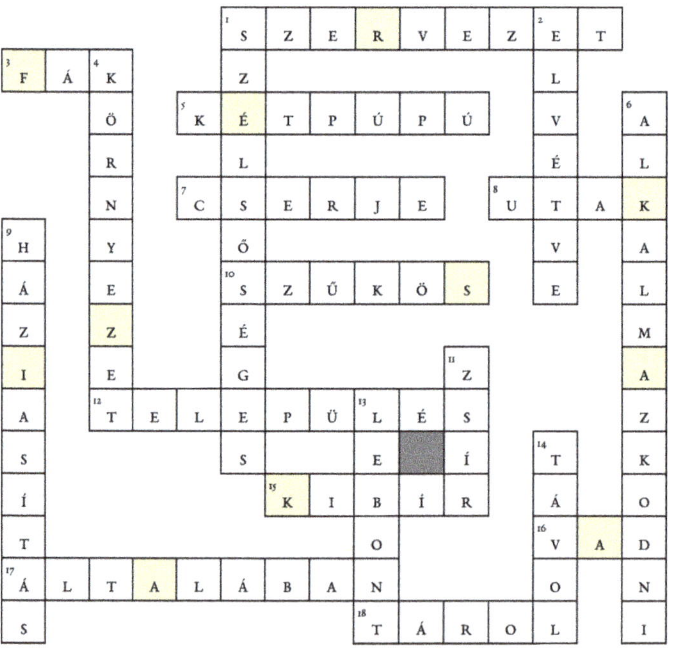

The hidden word is:

Észak-Afrika (North Africa)

References

Oxford Illustrated Encyclopedia, Vol. 2: The Natural World / General Editor: Harry Judge. Oxford : Oxford University Press, 1993

Magyar Nagylexikon / Edited by Élesztős László, Rostás Sándor et al. Budapest : Magyar Nagylexikon Kiadó, 1993-2004

The New Encyclopaedia Britannica / Edited by Jennifer Abella, Michael Anderson, J. Ascierto et al. London : Encyclopaedia Britannica, 1993

Wikipedia online encyclopedia

While the above sources were consulted, the information found within them was creatively incorporated to ensure the book's originality.